青藏高原市域现代农业发展总体规划范例

——以西藏自治区林芝市为例

屈宝香　崔泽民　梁　晨
赵玙璠　周旭英　甘寿文　等著

气象出版社
China Meteorological Press

内 容 简 介

本书以推动林芝农业绿色发展、促进农牧民增收为目标，在系统分析林芝市资源条件、产业基础、发展潜力和比较优势的基础上，提出了林芝市现代农业发展总体思路、基本原则、发展目标、主要任务，围绕林芝市果蔬、藏猪、茶产业及康养休闲产业等，明确了产业布局、发展规模、重点建设项目，提出了相应的配套措施与政策建议，是林芝市现代农业发展的引领性范例。本书可用于区域经济与农业农村发展行业领域人员业务培训参考资料及相关专业学生社会实践案例指导资料等。

图书在版编目（CIP）数据

青藏高原市域现代农业发展总体规划范例 ：以西藏自治区林芝市为例 / 屈宝香等著. -- 北京 ：气象出版社，2021.12
ISBN 978-7-5029-7633-0

Ⅰ. ①青… Ⅱ. ①屈… Ⅲ. ①现代农业－发展战略－研究－林芝 Ⅳ. ①F327.754

中国版本图书馆CIP数据核字(2021)第255672号
审图号：藏 S(2021)033 号

青藏高原市域现代农业发展总体规划范例——以西藏自治区林芝市为例
Qingzang Gaoyuan Shiyu Xiandai Nongye Fazhan Zongti Guihua Fanli
——Yi Xizang Zizhiqu Linzhi Shi Wei Li

出版发行：气象出版社
地　　址：北京市海淀区中关村南大街 46 号　　**邮政编码**：100081
电　　话：010-68407112(总编室)　010-68408042(发行部)
网　　址：http://www.qxcbs.com　　**E-mail**：qxcbs@cma.gov.cn
责任编辑：张　媛　　**终　　审**：吴晓鹏
责任校对：张硕杰　　**责任技编**：赵相宁
封面设计：艺点设计
印　　刷：北京中石油彩色印刷有限责任公司
开　　本：787 mm×1092 mm　1/16　　**印　　张**：8
字　　数：204 千字　　**彩　　插**：4
版　　次：2021 年 12 月第 1 版　　**印　　次**：2021 年 12 月第 1 次印刷
定　　价：70.00 元

《青藏高原市域现代农业发展总体规划范例
——以西藏自治区林芝市为例》
执笔人员

屈宝香	崔泽民	梁　晨	赵玛播	周旭英
甘寿文	代安国	马金英	尼　玛	尼玛扎西
王宏伟	王海英	王　锋	王耀林	李迎秋
李　辉	李晓琳	李　萍	李　薇	刘丽军
刘韵非	刘　爽	闵继征	邱　莉	向　雁
闵志平	张立非	张少峰	张丹丹	张克萌
张　华	张华国	张兆钰	张　新	陈晓英
陈　晨	普　次	赵　晶	钟　葵	杨大洋
武　斌	武中庆	信　军	钱静斐	罗　康
彭君华	路家涛	姜　伟	殷　俊	蒋群茂
霍剑波				

前　言

林芝古称工布，历史非常古老，可以追溯到西藏的史前时期。陆续出土的文物古迹表明早在四五千年之前，林芝地区已有人类从事刀耕火种的农业，过着相对定居的生活。“林芝”是由藏文“尼池”或“娘池”音译而来，意为“娘氏家庭的宝座或太阳的宝座”，林芝以世界上最深的峡谷——雅鲁藏布大峡谷著称于世。由于山高谷深，“一山有四季，十里不同天”，林芝独特的气候条件和自然环境，使之与西藏其他地方不同，拥有热带、亚热带、温带及寒带气候并存的多种气候带。整个林芝地区由南向北，几乎集中了从海南岛到北极地区的各种植被，已发现和证实的就超过3500种，形成了雪山和森林的奇观。林芝的森林原始景观保存完好，高原挺拔的西藏古柏、喜马拉雅冷杉、植物活化石“树蕨”以及百余种杜鹃等，应有尽有，素有“天然的自然博物馆”“自然的绿色基因库”之称。

作为历史上南方丝绸之路、唐蕃古道、茶马古道的重要参与者，林芝市委、市政府牢固树立“创新、协调、绿色、开放、共享”五大发展理念，抓住“一带一路”建设提供的重要发展机遇，积极推进国家级生态地区创建工作，2015年林芝被确定为全国首批生态文明建设先行示范区。林芝市委、市政府始终把绿色生态作为发展的最大本钱和优势，全面落实国家重要生态安全屏障战略，加快国家首批生态文明先行示范区建设，全市所有县（区）列入国家可持续发展实验区。

鉴于中国农业科学院是西藏农牧科学院对口援藏单位，且在农业科技援藏工作的突出贡献，以及在农业规划工作方面的丰富经验，西藏自治区人民政府点名由中国农业科学院农业资源与农业区划研究所承担《青藏高原市域现代农业发展总体规划范例——以西藏自治区林芝市为例》的编制任务。中国农业科学院领导非常重视这项工作，把它视为落实2016年农业科技援藏会议精神的一项重要举措。院长唐华俊指示此项工作是中国农业科学院践行科技援藏、人才援藏的具体体现，农业资源与农业区划研究所要认真落实，务必圆满完成任务。

西藏自治区农牧科学院院长亲自担任本项目的总协调人，确保规划编制工作圆满完成。中国农业科学院党组成员、纪检组组长李杰人率专家团队出席了2017年7月6日西藏自治区副主席坚参亲临讲话的林芝市现代农业发展规划启动大会。李杰人表示中国农业科学院坚决贯彻落实中央科技援藏的决策部署，将编制规划作为一项政治任务和当前重点工作，集中力量、深入调研、科学论证，力争编制出高质量的《青藏高原市域现代农业发展总体规划范例——以西藏自治区林芝市为例》，促进林芝市现代农业建设。随后由副所长金轲带着有丰富规划编制经验的专家团队开始了首轮调研，《青藏高原市域现代农业发展总体规划范例——以西藏自治区林芝市为例》编制工作正式启动。

2017年7月4—13日首次调研涉及巴宜区、米林县、米林农场、工布江达县、波密县、察隅县、察隅农场等县级区域，往返行程约1600 km；2017年8月7—31日第二次调研包括巴宜区、林芝种畜场、朗县、米林县、波密县、易贡茶场、墨脱县、工布江达县，往返行程约

1800 km。两次调研具体路线见调研路线(彩)图①。

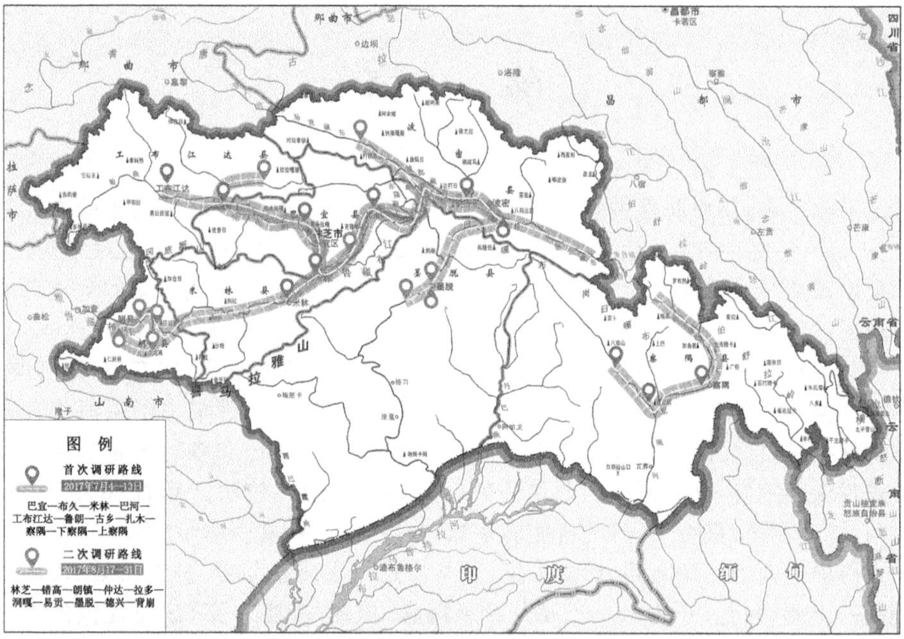

调研路线图

本规划的编制与出版获得了诸多专家的支持和帮助，承担文本编写、图表绘制、资料数据核准及出版前通稿的人员具体分工如下：

前言与第一章规划背景和意义，由屈宝香、赵玙璠、张华执笔，赵玙璠、崔泽民、李迎秋统稿；第二章规划现状分析，由李萍、刘丽军、闵继征执笔，信军、霍剑波、张克萌、陈晓英、张少峰统稿；第三章规划总体思路，由屈宝香、崔泽民执笔，崔泽民、尼玛扎西、代安国、闵志平、普次统稿；第四章规划总体方案，由屈宝香、赵玙璠、崔泽民执笔，崔泽民、刘爽、王宏伟、王锋、赵晶、张丹丹、刘韵非统稿；第五章规划重点产业，由周旭英、甘寿文、钟葵、王耀林执笔，屈宝香、赵玙璠、崔泽民、李辉、杨大洋、彭君华、张克萌、陈晓英、马金英、尼玛、张华国统稿；第六章休闲农业与乡村旅游产业，由梁晨执笔，向雁、赵玙璠、邱莉、李薇、张兆钰、武斌、姜伟统稿；第七章支撑服务体系建设，由钱静斐执笔，王海英、罗康、陈晨、殷俊、蒋群茂统稿；第八章项目投资与效益分析，由李晓琳执笔，张立非、路家涛、张新、武中庆统稿；第九章保障措施与对策建议，由刘丽军执笔，屈宝香、崔泽民统稿。此外，屈宝香、赵玙璠负责全书统稿，梁晨负责规划空间总体布局与产业布局图绘制。在此，感谢本书所有执笔人员、统稿人员与图表绘制人员。本书虽然经过多次讨论和修改，但可能仍有不足，敬请读者提出批评。

著者

2021 年 8 月 18 日

① 调研路线图中图例包括途经乡(镇)等，文中叙述只是县级区域，故略有差异。

目　　录

第一章　规划背景和意义

第一节　规划背景

(一)党的十九大提出实施乡村振兴战略为林芝现代农业发展提供了前所未有的战略机遇

2017 年 10 月,习近平总书记在党的十九大报告中指出,实施乡村振兴战略,按照产业兴旺、生态宜居、乡风文明、治理有效、生活富裕的总要求,加快推进农业农村现代化。2017 年召开的中央农村工作会议,对实施乡村振兴战略作了专题研究部署,明确了实施乡村振兴战略的目标任务,到 2020 年乡村振兴取得重要进展;到 2035 年乡村振兴取得决定性进展,农业农村现代化基本实现;到 2050 年,乡村全面振兴,农业强、农村美、农民富全面实现。中央农村工作会议提出了中国特色的乡村发展道路,必须深化农业供给侧结构性改革,走质量兴农之路;必须坚持人与自然和谐共生,走乡村绿色发展之路;必须传承发展提升农耕文明,走乡村文化兴盛之路。乡村振兴战略与绿色农业发展的新要求为西藏和林芝现代农业发展创造了千载难逢的战略机遇。早在 2010 年中央第五次西藏工作座谈会就确定了西藏"两屏四地"的重要地位,即重要的国家安全屏障、重要的生态安全屏障、重要的战略资源储备基地、重要的高原特色农产品基地、重要的中华民族特色文化保护地、重要的世界旅游目的地。这一战略定位完全契合了党的十九大提出的建设生态文明和美丽中国的强国目标,也顺应了实施乡村振兴战略的新目标和新要求,使西藏经济建设有了新的内涵,西藏和林芝的现代农业发展也站在了新的历史起点上。

(二)中央作出"坚决打赢脱贫攻坚战"的重大决策部署为林芝现代农业发展创造了难得的历史机遇

党的十九大报告指出,坚决打赢脱贫攻坚战。让贫困人口和贫困地区同全国一道进入全面小康社会是我们党的庄严承诺。强调坚持精准扶贫、精准脱贫,坚持中央统筹、省负总责、市县抓落实的工作机制,强化党政一把手负总责的责任制。坚持大扶贫格局,深入实施东西部扶贫协作,重点攻克深度贫困地区脱贫任务。中央明确,在贫困地区乡村振兴的核心任务还是脱贫攻坚。林芝在西藏发展条件和现实水平都是比较好的,但仍然处于连片特困地区，而且是深度贫困地区。林芝农业发展应该是在打赢脱贫攻坚战的基础上去实现农业现代化，脱贫攻坚助推农业现代化，农业现代化带动脱贫攻坚。从中央到西藏自治区，从东部协作省份到林芝受援助地区，脱贫攻坚责任的层层落实，扶贫政策、资金与项目的落实落地，确保了农牧民扶贫对象的全覆盖，将为林芝现代农业发展创造了难得的历史机遇。

(三)贯彻落实习近平总书记“治国必治边、治边先稳藏”的重要战略思想给林芝带来重大的发展机遇

2011 年 7 月，在西藏和平解放 60 周年庆祝大会上，习近平总书记围绕建设团结、民主、富裕、文明、和谐的社会主义新西藏这个宏伟目标，明确提出治藏兴藏的重要举措。2013 年 3 月，习近平总书记在参加十二届全国人大一次会议西藏代表团审议时明确提出“治国必治边、治边先稳藏”的重要战略思想和“坚定不移走有中国特色、西藏特点的发展路子”。2015 年 8 月，在北京召开的中央第六次西藏工作座谈会上更加系统全面地阐述了这一新的“治藏方略”，强调要牢牢把握改善民生、凝聚人心这个出发点和落脚点，大力推动西藏和四省藏区经济社会发展。中央“治藏方略”给予林芝重大发展机遇。

(四)中央推进国家现代农业示范区建设为林芝提供了良好契机

2010 年一号文件与政府工作报告正式写入了“创建国家现代农业示范区”的内容。2010 年以来，农业部先后认定 3 批 283 个国家现代农业示范区。2015 年 9 月，农业部、发改委、财政部和银监局联合发布《关于扎实推进国家现代农业示范区改革与建设率先实现农业现代化的指导意见》，力争 2020 年，一半以上的示范区进入基本实现农业现代化阶段。2017 年中央一号文件是自 2014 年以来连续第四次将“农业现代化”写入标题的中央一号文件。党的十九大报告提出实施乡村振兴战略，把“构建现代农业产业体系、生产体系、经营体系、完善农业支持保护制度，发展多种形式适度规模经营，培育新型农业经营主体，健全农业社会化服务体系，实现小农户和现代农业发展有机衔接”作为重要内容。

(五)广东省坚定不移地落实对口支援任务，推动林芝市规划先行

在中央第六次西藏工作座谈会和东西部扶贫协作座谈会上，习近平总书记又对做好西藏工作、东西部扶贫协作和对口支援作出新的部署和要求。胡春华在广东·西藏对口支援工作座谈会暨项目签约仪式上指出：以习近平同志为核心的党中央高度重视西藏发展稳定，提出一系列关于西藏工作和对口支援工作的新思想、新要求。广东省坚定不移地落实好对口支援西藏这项重要政治任务，扎实推进产业援藏工作。新形势下，要以“十三五”对口支援规划安排的产业项目为抓手，重点支持林芝特色优势产业发展。要支持林芝围绕入藏“第一站”定位发展全域旅游，要把改善民生作为援藏工作的主要任务，坚持援藏资金和项目向基层倾斜、向农牧民倾斜。要抓好小康示范村建设、加快建设一批精准扶贫项目等，广泛动员社会力量参与援藏工作，撬动和引导更多社会资金投入援藏。

（六）西藏自治区和林芝市党政领导重视现代农业，加速了规划进程

西藏自治区的党政领导一直重视林芝市的农业发展，关心林芝现代农业的未来发展，希望林芝在农业发展中取得成效并为全区农业发展探索一条适合西藏特点的道路。林芝市各级部门领导干部始终牢固树立“绿水青山就是金山银山，冰天雪地也是金山银山”的发展理念，希望通过规划实现立足比较优势和资源禀赋，持续推进特色优势产业的布局区域化、发展集约化、效益最大化，争取率先在西藏树立实现农业现代化的典范。林芝市农业经济发展也将进入“转方式、调结构”的新阶段，一方面围绕建设现代农业，加快转变农业发展方式。必须注重提高竞争力、注重农业科技创新、注重可持续的集约发展上来，走产出高效、产品安全、资源节约、环境友好的现代农业发展道路；另一方面围绕促进农民增收，加大惠农政策力度。富裕农民，必须充分挖掘农业内部增收潜力，开发农村二、三产业增收空间，拓宽农村外部增收渠道，加大政策助农增收力度，努力在经济发展新常态下保持城乡居民收入差距持续缩小的势头。

第二节　规划意义

（一）有利于林芝实施乡村振兴战略，决胜全面建成小康社会

西藏林芝作为祖国西南边陲的重要门户，素有“西藏江南”之称，对于国家战略发展有着重要意义。国家将西藏自治区整体列为深度贫困地区，虽然林芝市经济发展水平在西藏居于前列，但作为国家整体扶贫的一部分，广大农牧民的生产和生活水平距离全面小康社会的目标还有相当大的差距。林芝现代农业的发展既是脱贫攻坚、实现全面建成小康社会的重要内容，也为推动乡村振兴战略的实施创造条件。

（二）有利于林芝走有中国特色、西藏特点的农业现代化道路

西藏农业是西藏经济社会发展的基础，因此，西藏农业的发展对于西藏人民生活水平的提高和西藏社会局势的稳定有着举足轻重的作用。林芝要率先在西藏实现农业现代化，在吸收借鉴国内外成功经验和有效做法的同时更应该紧密结合林芝自身的情况，具体问题具体分析。发展林芝农业就要走有中国特色、西藏特点的农业现代化道路。

（三）有利于聚焦农业供给侧结构性改革，培育林芝区域内的主导产业

“推进农业供给侧结构性改革”是中央一号文件重点。林芝高原气候独特，农业资源类型丰富，什么农业生物都可以生长，“种类多、小而散”产业特色明显，农产品规模化和集约化开发程度不高。现代农业发展规划将积极推动各区（县）以市场为导向，实现特色农产品发展适度规模化，集中精力发展有林芝特色及区域优势的重点农牧产品，通过“多县一品、产业联动”的产业发展方式，加快形成全市区域主导产业。

（四）有利于推动农业绿色发展，使林芝的生态优势变经济优势

从2015年的中央农村工作会议强调“要更加注重促进形成绿色生产方式和消费方式”，到2017年的中央一号文件持续部署“推动农业绿色发展”，将食品安全上升至国家战略。一号文件提出，加快完善食品安全国家标准，创建优质农产品和食品品牌；加快健全从农田到餐桌的农产品质量和食品安全监管体系，建立全程可追溯、互联共享的信息平台等。“生态安全是人类生存发展的基本条件、经济安全的基本保障、政治安全和社会稳定的坚固基石、国土安全的重要屏障、资源安全的重要基础。”2018年全国两会中，全国政协委员、河南省政协副主席高体健呼吁建设生态文明必须上升到国家安全战略层面来研究和应对。生态安全建设上升为国家战略，这就对西藏林芝的现代农业产业发展提出更高的要求。现代农业发展规划，有利于发挥生态资源优势，夯实区域农产品生产基础，做大、做强林芝市现代农业特色品牌产品，提高农产品市场竞争力，将高原农业资源优势转化为现实的市场竞争优势。

（五）有利于农村一、二、三产业融合，实现林芝现代农业可持续发展

推进农村一、二、三产业融合是中央一号文件的重点，中央将其定调为“农民增收的重要支撑”。当前农业面临农产品供给充裕、农民增收困难的突出矛盾。一、二、三产业融合目的是形成新的产业，延长产业链，增加农业附加值。通过推动农产品加工业转型升级，培育一批农产品精深加工领军企业和国内外知名品牌；加强农产品流通设施和市场建设，促进农村电子商务加快发展；大力发展休闲农业和乡村旅游。林芝市现代农业发展规划工作的开展，将推动全市现代生产要素向高原特色农业生态优势定向聚集，有利于用现代高新技术加快林芝市现代农业建设，充分挖掘区域特色资源潜力，提高农产品竞争力，实现农业增效与农民增收及农业可持续发展。

第三节　规划主要依据

1. 中国共产党第十九次全国代表大会上习近平总书记《决胜全面建成小康社会 夺取新时代中国特色社会主义伟大胜利》的报告。

2.《中央经济工作会议公报》《中央农村工作会议公报》。

3.《中央第六次西藏工作座谈会会议纪要》。

4.《中央第五次西藏工作座谈会会议纪要》。

5.《全国主体功能区规划》(国发〔2010〕46 号)。

6.《兴边富民行动“十三五”规划》。

7.《西部大开发“十三五”规划》。

8.《“十三五”脱贫攻坚规划》(国发〔2016〕64 号)。

9.《全国现代农业发展规划(2016—2020 年)》(国发〔2016〕58 号)。

10.《全国农业可持续发展规划(2015—2030 年)》(农计发〔2015〕145 号)。

11.《特色农产品区域布局规划(2013—2020 年)》(农计发〔2014〕1 号)。

12.《西藏自治区“十三五”时期国民经济和社会发展规划纲要》。

13.《西藏生态安全屏障保护与建设规划(2008—2030 年)》(发改办农经〔2009〕446 号)。

14.《西藏自治区林芝市“十三五”产业精准扶贫规划(2016—2020 年)》。

15.《西藏自治区林芝市“十三五”时期农牧业发展规划(2016—2020 年)》。

16.《西藏自治区林芝市水利改革发展“十三五”规划》。

17.《西藏自治区林芝市“十三五”旅游业发展规划(2016—2020 年)》。

18.《西藏林芝世界生态旅游区发展总体规划(2016—2030 年)》。

第二章 规划现状分析

第一节 规划区域概况

(一)基本情况

林芝地处西藏东南部，雅鲁藏布江中下游，位于92°09′～98°47′E，26°52′～30°40′N，东西长646.7 km，南北宽353.3 km。2015年，国务院批复同意撤销林芝地区设立林芝地级市，为西藏5个地级市之一。市中心所在地巴宜镇海拔高度（以下简称"海拔"）3000 m，距离自治区首府拉萨市超过400 km。林芝的东面及东北部与云南省以及西藏自治区的昌都市相连，北面是那曲地区，西部、西南部分别与拉萨市、山南市相邻，南部藏南地区（其中部分区域实际由印度控制）与印度、缅甸接壤，边境线长约1006.5 km（(彩)图2-1）。

林芝市总面积为11.7万km^2，实际控制面积为7.6万km^2。下辖6县1区，分别为巴宜区、波密县、察隅县、工布江达县、米林县、朗县、墨脱县，共计54个乡（镇），489个行政村，9个居民委员会。常住人口以藏族为主体，并有汉族、门巴族、珞巴族、独龙族、纳西族、怒族等民族及未确认民族成分的僜人。全市总人口23.1万人，其中藏族人口占总人口的90%以上。实际人口密度为3人/km^2，远低于全国平均人口密度（143人/km^2）。

林芝市地理区位独特，社会经济发展具有得天独厚的资源禀赋优势，在旅游资源、水力资源、森林资源、基因资源方面尤为突出。林芝市风景秀丽，被誉为"西藏江南""雪域明珠""东方小瑞士"，有世界上最深的峡谷——雅鲁藏布江大峡谷，还有被誉为西藏西双版纳的墨脱县和察隅县西南部。2010年以来，林芝旅游业快速稳定发展，已成为西藏全区旅游业发展增幅最快的地区之一。林芝市水力资源特别丰富，占全自治区水力资源的70%以上，而西藏又是全国水力资源较丰富的地区之一。被联合国列为"21世纪十大超级工程"的雅鲁藏布江大拐弯电站，装机容量超过6000万kW，是三峡电站的3倍。林芝市是我国第三大林区，森林资源十分丰富，森林覆盖率达46.09%，西藏有80%的森林资源都集中于此。林芝市还是野生动植物资源的基因宝库，已发现和证实的就有3500种以上。可食用的菌类达120余种，年产松茸为300 t以上。

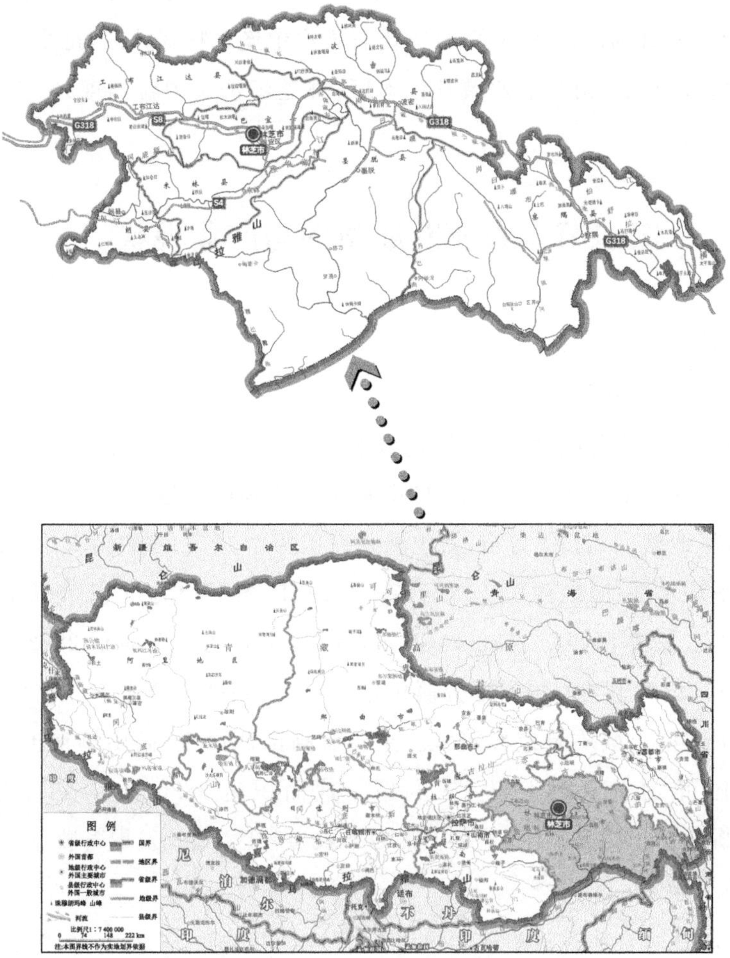

图 2-1　林芝市地面交通区位

(二)社会经济发展概况

林芝市经济社会蓬勃发展,综合经济实力显著增强。2017 年,全市地区生产总值 133.31 亿元,地方公共财政预算收入 12.96 亿元。城镇居民人均可支配收入预计 26946 元,农村居民人均可支配收入 13407 元。

林芝交通条件较好,林芝市公路总里程达到 5351 km,乡(镇)和行政村通车率分别达到 96.3%和 95.7%。2017 年拉林铁路、滇藏新通道全面开工,林拉高等级公路一期工程、八一镇至米林机场专用公路建成通车,八一镇至拉萨高速公路部分建设完成并通车。境内米林机场是西藏第三座民航机场,设计年运送旅客量达 12 万人次,距林芝首府巴宜区 50 km。农村电网建设工程完善,乡(镇)已基本实现了通信和互联网覆盖,邮政服务网点遍布各片区。

全市农牧民人口 14.02 万人，占总人口的 60.7%。其中农牧民贫困人口为 2.28 万人，贫困发生率为 16.26%。总体而言，林芝仍属于集中连片特困地区，是全国脱贫攻坚的重点区域和主战场。但是，相对于西藏其他地区，林芝经济实力位居前列，生态环境和社会经济发展条件较好。

第二节 农业发展条件与产业现状

(一)发展条件

1. 层次丰富的土地资源

主要表现为宜农土地资源少，后备耕地资源不足，宜林土地资源集中，宜牧土地资源丰富等显著特点。林芝市总面积为 1.72 亿亩①，人均土地面积达 1197.88 亩。其中，宜农面积为 45 万亩；耕地面积 28.84 万亩，占土地总面积的 0.17%；农牧民人均耕地面积 2.12 亩，略低于全国平均水平；园地面积 1.19 万亩；2019 年，林芝林地面积 0.98 亿亩，占土地总面积的 56.98%。总草场面积 3072.31 万亩，其中，可利用草场面积 2882.5 万亩，占土地总面积的 16.8%。草地类型绝大部分属山地草甸类，阔叶杂草居多。土壤类型垂直分布规律明显，不同类型土壤质量差异较大。主要有高山寒漠土、高山草甸土、亚高山草甸土、棕壤土、褐土、草甸土 6 类土壤。未利用土地面积达 3820 万亩，占土地总面积的 22.21%。全市耕地面积比重很小，基本上都为半农半牧区，适宜发展畜牧业。

2. 独特的气候资源

林芝是世界陆地垂直地貌落差最大的地带，平均海拔高度为 3000 m，而最低处却只有 900 m，低于西藏其他地区。林芝属于热带、亚热带、温带及寒带气候并存的多种气候带。喜马拉雅山脉和念青唐古拉山脉似两条巨龙由西向东地平行伸展，东部与横断山脉对接，形成了群山环绕的独特地形。东南低处正好面向印度洋开了一个大缺口，顺江而上的印度洋暖流与北方寒流在念青唐古拉山脉东段一带会合驻留，形成了林芝特殊的热带湿润和半湿润气候。林芝市降水主要受来自印度洋的西南季风影响，加上地形高度与山脉走向的影响，水资源在地区分布上不均衡。年降水量为 650 mm 左右，年平均气温为 8.7 ℃，年平均日照时数为2022.2 h，无霜期为 180 d，比较适合农作物和林果生长，具有发展高原特色茶叶、林果业的独特气候优势。

3. 潜力巨大的水资源

林芝市位于雅鲁藏布江的中下游，受印度洋暖湿气温的影响，降雨充沛，加上高山峡

---

① 1 亩=1/15 hm^2，下同。

谷的地貌特点，造就了林芝众多的河流与湖泊，林芝市水力资源十分丰富。林芝境内水域面积达1149.01万亩，年径流量达3084亿m^3，水资源总量占全西藏的70%以上。境内主要河流湖泊有雅鲁藏布江、尼洋河、帕隆藏布、察隅曲和巴松错、新错、易贡错、日及木错等，水能蕴藏总量为9215万kW，可开发利用的约为3184万kW，占全自治区的56%，分别为“一江两河”地区的12.4倍和8.8倍，是全国乃至全世界水资源少有的集中地区，具有巨大的潜在优势。

4. 最典型的生物多样性地区与丰富的物种资源

林芝是全国最大的原始林区，森林覆盖率为46.09%，活木蓄积量8.82亿m^3，占全区木蓄积量的64.9%。具有热带、亚热带、寒温带和湿润、半湿润气候带的各种森林植被，高等植物达2000余种，是世界生物多样性最典型地区，素有“生物基因库”之称。木本植物有上百种，几乎从亚热带到寒温带的各种针、阔叶树种均有分布。世界上落差最大的垂直地貌分布，广袤的原始森林蕴藏了丰富的动植物资源。林芝整个由南向北，几乎包含了北半球从热带到寒带的各种植物物种科属和生态类型，同时还保留了一部分古老的孑遗植物种群，是全球最丰富、最独特的野生植物宝库，素有“天然的自然博物馆”“自然的绿色基因库”之称。因此，发展天然野生真菌、藏药材等产业具有天然的物种资源优势。

5. 绚丽多彩的旅游文化资源

林芝市风光旖旎，景色秀丽，区域内有世界第一大峡谷雅鲁藏布大峡谷、世界第十五高峰南迦巴瓦、多个国家AAAA级旅游景区（雅鲁藏布大峡谷景区、巴松措景区、鲁朗五寨风景区、米林南伊沟旅游景区）、国家级文物保护单位列山古墓、“全球地质灾害博物馆”西藏唯一的国家地质公园——易贡国家地质公园、“西藏的阿尔卑斯山”鲁朗林海，“植物活化石”树龄达2600年的世界柏树王和树龄达1600年的古桑王，以及慈巴沟国家自然保护区和色季拉、巴松措国家级森林公园等。民俗文化和旅游资源方面，有工布文化、珞巴民俗、门巴风情等民俗文化，有太昭古城、烈山古墓、千年古堡群等历史古迹，有茶马古道、阿沛庄园、喇嘛岭、布久寺等人文景观。林芝机场的扩建，拉萨至林芝高速公路建设，为当地旅游业发展提供了重要交通条件，旅游业发展面临着新的历史机遇。

（二）产业发展现状

1. 农业综合生产能力不断增强

近年来，林芝市狠抓基础条件、关键环节、科技支撑，粮油产量稳定增长，设施农业强劲发展，龙头企业队伍不断壮大，农业综合生产能力显著提高。2017年，全市农作物总播种面积达33.81万亩，粮食总产量为8.2万t，蔬菜总产量为4.28万t，确保了全市粮食安全。畜牧业转型升级初见成效，肉和奶产量分别达2.75万t和4.27万t，人均占有肉和奶分别为 119 kg 和 184.8 kg；牲畜出栏率达到 33%，其中猪出栏率为 37.6%、牛出栏率为 10.6%、羊出栏率为 20%。农业基础设施显著完善，全市有效灌溉面积达 25.74 万亩，占全市耕地总面积的 89.25%，农田灌溉水有效利用系数为 0.413。

2. 农业特色产业建设成效显著

林芝特色产业建设成效明显，林果种植面积达 27.12 万亩，藏药材种植面积达 1.05 万亩，茶叶种植面积达 1.6 万亩，设施蔬菜种植面积达 1.09 万亩，藏猪养殖达 35.6 万头，家禽养殖达 40 万只，优质奶牛养殖达 560 头，“三品一标”认证产品有 48 个，重要高原特色农畜林产品生产基地建设步伐加快。2017 年，全市在市农牧局备案登记的涉农企业有 35 家，其中自治区级龙头企业有 4 家、市级产业化经营重点龙头企业有 7 家。共有农牧民专业合作社 878 家。大力扶持农业龙头企业和农民专业合作社，引导涉农企业工作经营重心转向农业产业、加工业等领域，延长产业链条，提高农业质量效益。

3. 农业生态环境保护与建设力度持续加大

坚持把农业资源和生态环境的保护与建设作为全市农业生态环境保护工作的重点，“十二五”期间组建了自治区首家渔政执法机构，申请设立国家级水产种质资源保护区，开展渔业增殖放流活动，强化休渔禁渔管理工作，加大执法力度，有效保护林芝市沿江水域渔业资源和生态平衡。组建了一支强有力的草原管护队伍，采取了以草原围栏封育、松土补播、灌溉施肥、治虫灭鼠为主的草原综合治理工作，全面推行草原生态保护补助奖励政策，确保草原生态系统良性循环。“十二五”期间，全市实现草畜平衡面积 2811.26 万亩，总体上草畜基本平衡。

4. 特色农业脱贫致富效果日益凸显

2017 年，全市实现特色优势产业增加值 28.28 亿元。农牧民人均可支配收入达到 13407 元，接近全国平均水平。农牧民来自特色产业的收入中，畜牧业占 43.7%，采集野生植物占 40.8%，其余 15.5%来自种植业。特色果蔬、藏香猪、藏药、茶叶等特色农牧产业发展取得明显成效，特色农业已成为推动林芝经济发展、促进群众增收致富的重要支柱产业，为全面建成小康社会奠定了坚实的经济基础。

第三节　现代农业发展 SWOT 分析

(一)优势分析

1. 生态环境优势

林芝市素有“西藏江南”的美誉，是西藏海拔最低、气候最温暖湿润、生态环境最好的地级市，也是中国自然生态环境和自然生态系统类型多样性、原始性保存最好的区域。全市气候宜人、物种丰富，为农业发展创造了西藏乃至全国其他地区不可比拟的优越自然条件。丰富的珍稀物种资源，为林芝市发展特色农牧业、打造高端品牌奠定了种质资源基础。“十二五”期间，林芝重点实施了藏猪、野生藏药材、当地土著鱼类等多项种质资源保护工作，建成了尼洋河、巴松措特有鱼类，雅鲁藏布江裂腹鱼国家级水产种质资源保护区，重视天然草场保护和农业面源污染治理工作，这些都为培育和发展林芝优势特色农产业、促进农业可持续发展奠定了坚实的资源基础。

2. 绿色健康优质的高原特色产品丰富

林芝素有“生物基因库”“动植物王园”之称，享有“藏医藏药文化发祥地”“藏地无闲草、林芝多灵药”以及“药材天然博物馆”等诸多美誉。林芝独特的生态环境孕育了数量众多、品质超群的特色农产品，以藏香猪、藏鸡、核桃、松茸等为代表的特色农牧产品蜚声国内外。林芝市充分挖掘资源潜力，先后培育了“藏香猪”“林芝松茸”“朗县核桃”“高原有机茶”等一批在国内外有影响、有市场、有规模、有核心竞争力的特色产品，切实将资源优势转化为品牌优势和市场优势。林芝市不断创新特色产业发展思路，坚持区域化、规模化、品牌化发展，全市经农牧系统认证的“三品一标”产品达到 48 个，逐渐打响了“林芝牌”“生态牌”和“绿色牌”，为现代农业发展奠定了扎实的品牌基础。

3. 基础设施条件不断完善

林芝乡镇和行政村通车率分别达 95%以上，基本形成了以巴宜区为中心，辐射各县，联结各乡镇的交通运输网络，同时随着拉林高等级公路、拉林铁路、米林机场改扩建等重大对外交通工程的实施，林芝市与区内区外的联结更加紧密和快捷，完善的交通体系支撑了农业现代商贸物流的高速发展，促进林芝市在“十三五”期间打造成为藏东南地区农牧物流集散地，有利于林芝市各类农产品与外部市场的互联互通。以可再生资源和水利为主的清洁能源发展，保障了林芝农业可持续发展的能源需求。

4. 现代农业发展转型升级

“十二五”时期，林芝市农牧业围绕农牧民增收、脱贫攻坚、全面建成小康社会三大重点，以特色资源为依托，实施了特色种植和养殖、畜禽优良品种选育、渔业等为主的系列特色农业建设开发项目，有效确保了粮油产量稳定增长，设施农业强劲发展，龙头企业队伍不断壮大。林芝市现代农业发展稳中向好，呈现出改革、创新、发展同步推进的良好态势，圆满完成了“十二五”规划农业各项发展目标。林果产业带、藏香猪养殖加工基地、藏(中)药材种植基地、茶叶种植基地、蔬菜生产基地等产业发展布局已基本形成并初具规模，林芝农业开始由传统粗放型转向品牌集约型的发展道路。林芝这个处于“太阳宝座上”的城市，现代农业发展走在了自治区的前列，已成为西藏农业的发展辐射地。

（二）劣势分析

1. 产业化程度低，产业链条短

林芝市农牧业还存在基地规模小、产业链条短、加工转化能力较弱等不容回避的短板问题，大部分农畜产品多为原料或初加工的形态推向市场，产品附加值低，产业效益不明显。由于发展较晚，农牧产品生产体系、加工体系、市场体系缺乏有机联系，造成产品市场竞争力不强，在区外市场占有率较低。龙头企业数量不足，主导品牌对产业的辐射带动效益不突出；农牧民组织化程度不够，专业合作组织管理不规范，市场开拓能力太弱；企业与农牧民的利益联结不紧密，辐射带动左右有限，产加销一体化经营程度低等。

2. 区域发展不平衡，农业社会化服务体系不完善

受自然、地形、交通等方面因素的影响，产业相对集中于巴宜区、米林县、波密县或者其他县域的县城周边等基础条件相对较好的地区，偏远地区及边境乡镇地区除常规农业生产外，几乎没有其他产业。由于土地细碎化，本地劳动力短缺，规模化经营发展在很大程度受限。以“互联网＋”为主要特征的现代市场服务体系尚未形成，原料供给、生产加工和产品终端市场供求信息不对称，限制了农牧区农畜产品的流通。社会性的中介服务组织发展滞后，种养大户、家庭农场、农民经济合作组织、龙头企业等新型经营主体发育程度低，市场开拓能力不强，资源优势难以全面转变为竞争优势。

3. 科技支撑能力弱，专业人才匮乏

林芝市农业科技人才严重匮乏、科技推广设备陈旧、资金投入不足等问题严重限制了农业先进科技成果在林芝的转化推广，阻碍了现代农业的发展。同时，由于特殊的历史环境及文化教育事业发展滞后等原因，农牧民普遍受教育年限短，文化素质偏低，自主学习能力较差，接受和掌握先进农业技术的难度大，导致产业发展后劲不足。

4. 生态保护压力大，产业发展受限

林芝市是全国首批生态文明先行示范区，将建设雅鲁藏布江大峡谷、察隅慈巴沟两个国家级自然保护区，工布自然保护区、林芝巴吉巨柏自然保护区两个自治区级保护区，巴松错、色季拉、比日神山 3 个国家级森林公园，雅尼、嘎朗、朱拉河 3 个国家湿地公园，易贡国家地质公园，保护区总面积达 322 万 hm^2，占林芝实际控制国土面积的 40.4%。按照国家相关规定，自然保护区的核心区、缓冲区完全禁止开发，试验区内也只能搞小规模的产业开发。因此，特色农业建设必须避开生态保护和敏感区，由于土地资源有限，将一定程度影响特色农业的产业发展布局。

(三)发展机遇

1. 中央持续支持农业发展释放的强大政策红利

2004年以来,中央一号文件连续14年都聚集“三农”问题。党的十八大以来,党中央、国务院更是坚持把解决好“三农”问题作为全部工作的重中之重,加快补齐农业现代化短板成为全党和全社会的共识,为开创工作新局面汇聚强大推动力。中央不断完善强农惠农富农政策,大幅增加农业投入,提高农业补贴标准,有力推动了传统农业向现代农业加速转变。特别是,2017年中央一号文件提出了“深入推进农业供给侧结构改革”要求,增加绿色优质农产品供给将摆在现代农业发展的突出位置。独特的生态环境优势,孕育了丰富的绿色优质特色农牧产品。林芝现代农业的发展优势和主攻方向非常契合国家对现代农业发展的改革要求,从宏观环境和政策红利的角度看,林芝市推进现代农业发展的有利条件不断积蓄。

2. 实施乡村振兴、区域协调发展等战略拓展了林芝市现代农业新的发展空间

党的十九大报告再次重申始终把解决好“三农”问题作为全党工作的重中之重,提出要实施乡村振兴战略和区域协调发展战略。乡村振兴战略是一个全新的国家战略,是党的十九大报告亮点之一。2018年中央一号文件作出了专门部署。实现产业兴旺、生态宜居、乡风文明、治理有效、生活富裕是乡村振兴战略的总要求,对现代农业发展提出新的更高的具体要求;保持土地承包关系稳定并长久不变等一系列政策的推进,将更大程度地推进现代农业产业体系、生产体系、经营体系的发展;实施区域协调发展战略,加大力度支持民族地区、边疆地区、贫困地区加快发展,强化举措推进西部大开发形成新格局,对加快边疆发展,确保边疆巩固、边境安全提出新要求,也为林芝市现代农业发展提供更加广阔的空间。

3. 全国援藏、对口支援的特殊政策优势

长期以来,中央高度重视西藏社会经济发展,出台了一系列特殊优惠政策和扶持措施。中央作出了全国支援西藏的重大决策,援藏工作重心逐渐向“三农”转移和倾斜,为西藏“三农”事业发展带来了前所未有的良好机遇。中央第六次西藏工作座谈会研究制定了一系列特殊优惠政策,为进一步推进西藏经济社会发展和长治久安工作作出了战略部署。中央对口援藏工作的持续推进,广东等地对林芝对口援助工作的进一步深化,特别是援藏工作的重心进一步向农牧区倾斜,将有力地推进林芝农业现代化建设进程。因此,林芝可以充分利用好当前各项有利政策,把握好前所未有的大好机遇,全力发展现代特色农业。

4.“一带一路”建设深化林芝与外部市场的互联互通

西藏是我国面向南亚的战略枢纽和开放门户,是国家确定的沿边地区开放开发重点

区域和面向南亚开放的重要通道。国家将西藏纳入"一带一路"建设总体布局，为西藏发挥链接祖国内地与南亚的区位优势和纽带作用，加快对内对外开放提供了广阔空间。林芝地处西藏东南，毗邻"一带一路"区域的四川省、云南省，同时又与印度、缅甸等南亚国家直接接壤。"一带一路"倡议使林芝从过去的西南边陲变成了对外开放的前沿阵地，帮助林芝更好地融入内地市场、外部世界，给林芝经济社会发展提供很大的空间。2010年以来，以墨脱公路、机场快速通道、林拉高等级公路一期工程、川藏铁路林芝至拉萨段等一批重点项目和航空运力持续增强为标志，林芝立体交通网络更加完善，逐渐实现了林芝与周边省区基础设施、内地市场的互联互通，林芝市农产品物流、市场开发、品牌推广、招商引资等基础条件更加优越、便捷。特别是川藏铁路建成后，将充分发挥交通干线的辐射带动作用，进一步推动林芝全面融入经济大格局，连入长江经济带，形成我国通往南亚的边界陆路通道，使林芝农业发展能够充分利用区域优势，积极融入"一带一路"建设。这是林芝现代农业迎来的难得的历史机遇。

5."旅游＋农业"为林芝现代农业发展增添了新动能

林芝市已正式纳入首批国家全域旅游示范区创建规划。近年来，林芝以打造"世界旅游目的地"为目标，推进"两节加一季"(桃花文化旅游节、雅鲁藏布生态文化旅游节、生态旅游季)活动，全域旅游开发取得了喜人成绩。作为"入藏旅游第一站"，林芝打造乡村旅游、文化旅游、房车旅游等特色旅游产品，树立起了"人间净地·醉美林芝"的新形象。2017年，共接待国内外游客518.66万人次、实现旅游总收入45.46亿元，同比分别增长18.53％、15.67％。聚人气即得财运，面对蜂拥而至的游客，特色农产品进一步加工成旅游商品，旅游交通干线的重点乡镇附近可大力打造农业精品园区，发展特色种植，游客可以就近观光和购买，农业产业链将进一步延伸。林芝市可以顺势而为，大力实施"旅游＋农业"战略，推动农业与旅游业的深度融合发展，提升林芝农产品在旅游客源地的认知度和美誉度，拓展林芝农产品的市场空间，为促进林芝现代农业发展培育新的发展动能。

6. 稳中向好的宏观经济强化了林芝农业投入保障

当前西藏的经济社会发展正处于党中央重视、全国人民支援、全社会关注的良好氛围中。西藏自治区党委、政府认真贯彻中央决策和部署，科学地提出了"一产上水平，二产抓重点，三产大发展"的经济发展战略，对西藏"三农"工作指明了方向、定好了位、把好了脉，给林芝市特色农业产业发展带来了重大机遇。2015年，国务院正式批准林芝撤地设市，社会事业蓬勃发展，社会局势稳定，边防巩固，政通人和，良好的社会环境为林芝现代特色农业发展创造了有利的宏观环境。党的十八大以来，林芝围绕"建设西藏经济强市"和打造"三个林芝"发展战略，认真贯彻落实中央关于"三农"工作一系列指示精神和自治区政府相关支农惠农政策，自我发展新动能不断增强，确保了用于农业农村财政资金的总量、增量大幅度的提高。“十二五”时期，全市投入农业方面的国家财政资金达 5.23 亿元，其中中央财政投资达 3.78 亿元，林芝市本级财政投资 1.45 亿元；广东、福建涉农援藏资金达 18.51 亿元，有效改善了林芝市长期以来农业基础设施条件差、资金力度弱的问题，为林芝现代农业发展注入了强大动力。

（四）面临挑战

1. 自然灾害频发带来的生产风险

由于高原地理环境的特殊性，林芝市生态环境脆弱，受地质构造和大气环流的影响，林芝境内立体气候特征明显，多极端降雨，地形起伏，水土流失严重，占土地总面积 50%以上。侵蚀类型多样，包括水力、冻融、风力、重力和人为侵蚀等类型，是我国西南地区自然灾害易发区和多发区，也是我国水土流失防治的难点区域。近年来，随着雅鲁藏布江大峡谷国家级自然保护区、色季拉国家森林公园、易贡国家地质公园的建设和退耕还林等工程的实施，流域内水土流失加速发展趋势得到一定遏制，但雪崩、霜冻、滑坡、泥石流等自然灾害仍然频发，尤其以泥石流灾害最为严重，易灾地域广、面积大，严重影响正常的生产活动，给林芝现代农牧特色产业的规模化发展带来一定难度。

2. 传统生产模式难以抵御市场风险

产业建设必须与市场发展紧密结合，除接受自然风险考验外，林芝市现代农业发展还面临较大的市场波动风险。林芝大多农牧民地处高山峡谷中，耕地差异大、分布散、耕地面积小，生产规模有限，及时获取各类市场信息的能力有限，分散的小生产难与大市场有效对接。近年来，虽然通过培植种养大户、合作社、龙头企业等新型经营主体，产业规模有所扩大、合作化程度有所提高，但小规模生产、分散经营仍占主导地位，经营主体与农牧民的利益联结机制不紧密，农牧民在发展产业的过程中受市场影响波动较大，抵御市场风险能力弱。

3. 藏区特色农产品同质化的竞争风险

近年来，随着藏区旅游产业的发展，藏区高原特色农产品备受内地消费者青睐。藏香猪、藏鸡、松茸、核桃、藏药材等产品在西藏其他地市、川藏交界地区、云南迪庆香格里拉等藏区广有分布，林芝周边藏区都在主打藏区特色文化生态旅游，主推藏区高原生态绿色产品。这些区域的农产品目标市场相同，农产品的加工方式、外观包装甚至营销手段上相互模仿，以至逐渐趋同，随着藏区农业生产的专业化、规模化，市场竞争将日趋激烈。同时，由于藏区路途较远，交通不便，农产品物流成本较高，加之藏区农业技术较为落后，多是传统种养模式，生产成本较高，使得藏猪和其他农产品的销售价格较高，与藏区外其他同类农产品相比，价格竞争优势不明显，制约了林芝乃至整个藏区特色农产品在全国范围的市场推广。

4. 林芝市脱贫攻坚任务依然艰巨

由于特殊的地理环境和历史原因，包括林芝在内的整个西藏自治区经济社会发展水平与全国的差距仍然较大，全面建成小康社会任务艰巨。西藏 2017 年仍是全国唯一省级集中连片贫困地区，是贫困面积最大、贫困程度最深的地区。2017 年林芝市仍有 2.28 万农牧民贫困人口，占农牧民总人口的 16.6%，涉及全市 54 个乡(镇)489 个行政村(居委会)，呈现大集中大分布、区域性贫困与零星分散型贫困并存的特征。农牧区基础设施建设和公共服务相对滞后，农业基础条件脆弱、发展后劲不足，农牧民文化素质不高的状况没有从根本上得到改变。扶贫的核心问题是产业扶贫，对农牧民而言，农业就是最大的扶贫产业。林芝市要实现到 2018 年率先全面建成小康社会的宏伟目标，时间紧迫，任务繁重，对林芝市现代农业发展而言，这既是发展机遇，也是严峻挑战。

(五)SWOT 分析矩阵

态势分析法(strengths weaknesses opportunities threats，SWOT)即基于内外部竞争环境和竞争条件下的态势分析，就是将与研究对象密切相关的各种主要内部优势、劣势和外部的机会、挑战等，通过调查列举出来，并依照矩阵形式排列，然后用系统分析的思想，把各种因素相互匹配起来加以分析，从中得出一系列相应的结论。表 2-1 是林芝市现代特色农业发展 SWOT 分析矩阵。

表 2-1　林芝市现代特色农业发展 SWOT 分析矩阵

◇ 优势 (S)	◇ 机会(O)
• 生态环境优势 • 绿色健康优质的高原特色产品丰富 • 基础设施条件不断完善 • 现代农业发展转型升级	• 中央持续支持农业发展释放的强大政策红利 • 实施乡村振兴、区域协调发展等战略，拓展了林芝市现代农业新的发展空间 • 全国援藏、对口支援的特殊政策优势 • “一带一路”建设深化林芝市与外部市场的互联互通 • “旅游＋农业”为林芝市现代农业发展增添了新动能 • 稳中向好的宏观经济强化了林芝市农业投入保障
◇ 劣势(W)	**◇ 挑战(T)**
• 产业化程度低，产业链条短 • 区域发展不平衡，农业社会化服务体系不完善 • 科技支撑能力弱，专业人才匮乏 • 生态保护压力大，产业发展受限 • 土地碎片化，流转成本高，难以推动规模化、现代化经营 • 人口极度分散，劳动力成本高昂且趋于紧缺	• 自然灾害频发带来的生产风险 • 传统生产模式难以抵御市场风险 • 藏区特色农产品同质化的竞争风险 • 林芝市脱贫攻坚任务依然艰巨

第三章　规划总体思路

第一节　规划指导思想

全面落实党的十九大和中央第六次西藏工作座谈会会议精神，积极贯彻中央“治国必治边、治边先稳藏”的重要战略思想，牢牢把握国家实施全国支援西藏和对口援藏的战略契机，以“创新、协调、绿色、开放、共享”五大发展理念为指导，以一、二、三产业融合发展理念为引领，以确保生态安全和绿色农业现代化发展为指导，紧密结合林芝市到2018年率先全面建成符合中央要求、西藏区情的小康社会，到2020年建成更高水平的小康社会，到2020年基本公共服务主要指标接近或达到西部地区平均水平两大目标；着力打造幸福、和谐、美丽“三个林芝”；重点抓好惠民生、抓投资、保生态、强产业、促创新、保稳定六件大事的“236”总体工作思路，聚焦天蓝、地绿、水净的生态文明建设，彰显林芝生态资源环境优势，打造林芝特色高端农业主导产业，强化现代产业科技水平，打造区域农业优势品牌，2020年林芝整市建成国家级现代农业示范区；2025年进一步支持现代主导产业优化升级，加快发展现代服务业，加强基础设施网络建设，提升产业层次与产品市场影响力，提高林芝农业综合水平及市场竞争实力，在西藏自治区率先初步实现农业现代化。

第二节　规划发展原则

(一)依托资源，突出特色

依托特色资源基础，突出林芝地方特色，在产品选择上突出地域特色、品质特色、功能特色、季节特色，满足农产品市场需求的多样化、优质化、动态化要求。优先发展资源条件好、特色鲜明、优势突出、市场竞争力强的农产品，通过合理布局现代农产品生产，促进生产要素在产业空间配置优化，使主导产业形成具有适度规模优势的产业化集群。

(二)创新驱动，优势强化

实施创新驱动发展，加强产业的科技投入，通过新技术、新方式改造传统生产经营方式，巩固和增强产品的品质优势，培育产业综合竞争优势。坚持核心集聚区域开发与周边示范辐射相结合，使集聚区域产业比较优势进一步强化升级。

（三）品牌打造，市场导向

坚持市场导向，着眼食品安全，提升品牌，抢占市场。要面向市场抓产品、围绕资源抓特色、抓住产品求规模、依托规模树品牌，按照现代农业产业化经营的要求，切实把林芝现代农业的规模做大、品牌做强、链条做长、质量做高，更强有力地推动现代农业发展。

（四）政策引导，社会参与

不断创新农村经营体制，充分发挥农牧民的主体作用和艰苦奋斗精神，引导和鼓励社会资本投入农业，凝聚各方力量，合力推进现代农业发展。通过政策引导、市场驱动、信息服务等途径，调动农民自觉自愿投身现代特色农产品基地发展，力争新上一批高标准的农产品基地、示范区及农产品市场与加工物流等重点项目，建立和完善标准化生产，提升林芝现代农业发展水平。

（五）"环评"把关，生态优先

党的十九大报告提出的"坚持人与自然和谐共生"纳入新时代中国特色社会主义基本方略，要求"必须树立和践行绿水青山就是金山银山的理念""统筹山水林田湖草系统治理，实行最严格的生态环境保护制度，形成绿色发展方式和生活方式"。现代农业发展所有项目从立项策划及建设方案的实施都必须进行环境影响评价分析，必须遵循生产发展、生活富裕、生态良好的文明发展要求。凡是环境影响评价不符合国家生态安全要求的项目不予审批，通过环境影响评价把关以实现绿色农业发展和确保国家生态安全。

（六）夯实基础，提高能力

发展现代农业应以加强农业基础设施为基本前提，建立环境友好的现代农业生产体系，坚持基础设施建设与生态环境保护相结合，通过新技术、新工艺改造传统生产经营方式，实现行业内部与行业之间的循环发展，稳定和增强标准化产品的品质优势，提高农业综合生产能力。

第三节 规划发展目标

（一）总体目标

林芝市资源环境特点日益彰显，现代农业产业体系雏形业已形成。保护好林芝"青山、绿水、净土"生态环境前提下，农业发展方式加快转变，全市现代农业取得明显进展，实现高原现代农业的集约化、规模化、品牌化发展与可持续发展。规划期内将林芝打造成独具魅力的“西藏江南·世外桃源”，农业基础设施不断完善，综合生产能力显著提升，农业结构更加合理，物质装备水平明显提高，科技支撑能力显著增强，农业发展方式转变取得显著成效，现代农业发展取得重大突破。总体目标是2020年将林芝市建成国家级现代农业示范区，建成国家级农业可持续发展试验示范区，打造成为国际首选藏区休闲农业和文化旅游体验地，初步实现农业现代化；2025年在西藏率先初步实现农业现代化。

专栏一　西藏现代农业示范区建设

国家现代农业示范区3个：拉萨市曲水县才纳乡（第一批2010年8月）；
日喀则市白朗县嘎东镇（第二批2012年1月）；
山南市乃东县（第三批2015年1月）。

（二）具体目标

创建具有区域特色明显、基础条件好、生产水平高、商品量大及市场竞争力强的全国现代农业示范区；打造农业标准化整市推进的现代农业示范区及现代农产品加工基地。提高优势农产品综合生产能力，保障有效供给。合理进行种植产业结构调整，优化粮食品种，稳定产量；增加菜篮子产品产量。2020年，粮食面积20万亩、产量8万t，蔬菜10万t、肉类4万t、奶类5万t；2025年，粮食面积18万亩、产量8万t，蔬菜15万t、肉类8万t、奶类12万t。

全力培植区域主导产业，做大、做优、做强林芝市农产品品牌，建设现代农业及其相关产业集聚成带（成群），全市形成4～5个现代农业重点产业，建成国家级现代农业示范区及藏区现代农产品加工基地。基本建立起市、县（区）、乡（镇）、村4级“三品一标”农畜产品质量安全监管体系。2020年主导产业农畜产品生产标准化覆盖率达到90%以上，实现农林牧渔业总产值达到19亿元，农牧民人均纯收入达到19900元；2025年农林牧渔业总产值达到30亿元，农牧民人均纯收入达到47220元。

建成国家级现代农业示范区，全市现代农业指标体系更加完善，农业产业结构更加优化，农业综合生产能力大幅度提高，农牧民人均纯收入大幅增加，农业科技支撑体系保障有力，农业生态环境明显改善，农村生产生活和谐稳定。2020年农田有效灌溉面积为25万亩，农机总动力为80万kW，耕种收综合机械化水平达70%，科技进步贡献率为50%，农畜产品加工值为7亿元，认定绿色农产品9个、有机产品11个、地标产品10个，农业产业化组织带动农牧户数量为23000户；2025年农田有效灌溉面积为30万亩，农机总动力为100万kW，耕种收综合机械化水平为85%，科技进步贡献率为60%，农畜产品加工值为17亿元，认定绿色农产品 20 个、有机产品 20 个、地标产品 20 个，农业产业化组织带动农牧户数量为 25000 户。

第四节　规划重点任务

(一)加强农田基础设施建设，提高农业综合生产能力

加快中低产田改造，实施沃土工程和高标准农田建设。积极主动争取中央、广东省对口援助和自治区对农业综合开发、中低产田改造、高标准农田建设、农产品质量检测、沃土培肥工程、种子工程等重点项目的资金投入。同时积极实施项目与科技有效对接，立足重点区域，突出重点品种，加快推动标准化生产基地建设，着力提高农业综合生产能力。适当增加水果蔬菜水肥一体化设施化、非耕地开发的设施建设与装备配置、雅江下游水利工程建设、亚热带农田基础设施建设、现代畜禽养殖设施建设。

(二)加快供给侧结构调整，构建八大主导产业与优势产品

按照市场需求变化，突出重点、优先推进高原特色优势农畜产品生产的原则，着力扩大主导产业经营规模。立足资源禀赋，以市场为导向，以效益为中心，加快农业产业结构调整、生产经营及农业增长方式的转变，围绕高原特色茶、现代畜牧、蔬菜、林果、藏药材、野生珍稀食用菌和农产品加工、休闲农业与乡村旅游等主导产业和优势产品，推进农产品标准化、集约化、设施化生产，打造现代农业产业园区和示范基地。

(三)实施全产业链条式开发，着力提升农业产业化经营能力

实施全产业链条式开发，把农业标准和农产品质量标准全面引入到农业生产、加工、流通的全过程，创出品牌，有效延长农业产业链条，增加农业附加值，使农业的整体效益得到显著提高。引进或培育有实力、讲诚信、善经营的农业龙头企业，加快龙头企业与农业优势产业对接，完善龙头企业与农户利益联结机制。通过农业产业化经营组织与农牧民建立利益联结机制，把分散经营的农户联合起来，把农业生产、加工、销售环节联结起来，使参与产业化经营的农牧民不但从种植、养殖业中获利，还可分享加工、销售环节的利润，增加收入。从而创造更多的就业岗位，转移农村剩余劳力，增加农牧民的非农业收入，有效提升农业产业化经营能力。

(四)强化农业生产技术规范，健全农产品质量安全监管体系

积极开展蔬菜标准园、畜禽养殖标准示范场创建活动，建立农产品标准化生产技术规程体系。支持龙头企业、农民专业合作组织、家庭农场和种植与养殖大户率先实行标准化生产，指导农牧民切实按照生产技术规程进行生产管理。围绕农产品生产基地建设，重点抓好产地环境监控、投入产品监管、技术规范制定、市场准入等关键环节，全面加强林芝市

农产品质量安全监管体系建设。进一步整合资源，建立健全市、县（区）、乡（镇）检测站和监管机构，完善检测手段，提高农产品质量检测和监管能力。

（五）重视品牌培育及市场推广，构建农产品市场流通体系

加强无公害农产品、绿色食品、有机食品、地理标志农产品的申请与认证工作，重视高原特色农产品品牌的培育和推广，打造一流产品、一流品牌、一流企业，提高林芝农产品品牌在国内、国际市场上的竞争力。以农产品品牌市场体系建设为中心，通过重点建设林芝市农产品网络交易平台、大型农产品批发市场等基础设施，打造智慧化的市场流通体系，开拓市场空间，促进全市现代农业的快速发展。

以桃花节、工布文化节等林芝地方特色旅游为载体和动力，开展特色农牧产品品牌推广。林芝市面向国内外开放和构建国际旅游目的地、国内外高原高端度假疗养基地、国际山地旅游度假示范基地等，地域特色旅游是林芝的后发优势，是"金矿"势必深度"开采"，才能发挥林芝独特的世界级旅游资源潜力及优势。

（六）加大新型农牧民培训力度，不断创新科技支农模式

建设农业技术推广和培训中心、农业科技示范园区，培养和引进农业专业技术干部和人才，以培训中心和示范园区为培训平台，对农业科技示范户进行重点培训，使其成为有知识、有能力、懂技术、会经营、致富快的新型农牧民。建立健全市、县（区）、乡（镇）、村4级农牧民技术培训网络体系，培训农作物高产高效栽培、农业机械化、无公害安全生产、重大病虫草害防治、高效集约化设施种植、畜禽良种繁育及饲养管理、畜禽重大疫病防控、农产品加工等先进实用技术，切实提高科技普及和推广率。培训农牧民是农业现代化的前提，作为先驱样板，大范围、深层次、连续多年开展有效管用的农牧民技能培训，当然也是推动林芝市现代化农业发展的根本。

（七）加强高原生态环境保护，着力提高农业可持续发展能力

随着人口的增长，土地垦殖率和草（原）地利用强度的增加，导致土地质量退化、草地超载过牧及综合生产能力下降。因而，需要加强生态保护来提高农牧业可持续发展能力。一是建立合理的耕作制度。重视推广粮豆轮作、草田轮作；推广等高线耕作，采取免耕、少耕和地面覆盖、秸秆还田、增加有机肥等措施恢复地力。二是加强水土保持。开展生物措施和工程措施，实施小流域综合治理。采取修建植物地埂、坡式梯田等措施减少径流。加强水利基础设施建设，提高综合治理与开发水平。推广节水灌溉技术，采取喷灌、滴灌、微灌等节水灌溉技术，提高水资源的利用率。三是合理规划土地利用方式。营造农田防护林，对部分坡度较大区域实行退耕还林还草或进行大面积封育措施，保护生态。四是大力实施基本农田整理工程。结合基本农田建设、移民建镇等措施，实施田、水、路、林、村综合整理，完善农田基础配套设施，全面提高农田质量和土地集约化利用水平。

第四章　规划总体方案

综合考虑资源禀赋、产业发展、市场需求等因素，对林芝市农业产业布局进行优化提升，形成布局合理、特色鲜明的产业空间格局。分区论述空间格局，主要内容包括区域范围、自然资源与产业优势、发展重点与目标。

第一节　规划发展战略定位

(一)创建国家级现代农业示范区样板

林芝生态环境质优，农业资源类型丰富，特色农产品种类多、品质极好。未来现代农业发展将突出林芝市农业生态环境"绿色健康"的优势与特点，建设现代特色农业产业体系，以林果、现代畜牧、茶、蔬菜、藏药材、农产品加工、休闲农业与乡村旅游等产业为重点突破口，培育形成高原特色种植、生态畜牧业、园艺蔬菜产业、农产品精深特色加工多业并举的现代特色农业发展格局，构建特有的现代农业产业技术体系，将林芝市建设成国家级现代农业示范区，使之成为现代农业生产方式与高原特色农业产业完美结合的样板区、现代农业科技成果和高原特色农业装备应用的展示区及农牧民接受绿色生态农牧业新知识新技术的培训基地，通过推进高原农业"接二连三"融合化发展，加速林芝市农业现代化进程，实现农业可持续发展。

(二)创建国家级农业可持续发展试验示范区

林芝要加速产业发展，率先在西藏实现全面农业现代化，但同时还要确保林芝"山更青、水更绿、田更美"。林芝市南部的雅鲁藏布流域大拐弯核心区域有"西藏江南"的美誉。据国家测绘局公布的数据：雅鲁藏布大峡谷北起米林县派镇大渡卡村(海拔 2880 m)，经排龙乡的雅鲁藏布江大拐弯，南到墨脱县巴昔卡村(海拔 115 m，在藏南地区靠近印度阿萨姆邦的地方)，主体在墨脱县。全长 504.6 km，最深处 6009 m，平均深度 2268 m，是地球上最深的世界第一大峡谷。其谷深远远大于全球第二的帕隆藏布大峡谷及美国科罗拉多大峡谷(深 2133 m，长 370 km)和秘鲁的科尔卡大峡谷(深 3203 m，长 90 km)。深邃的雅鲁藏布大峡谷宛如青藏高原东南部的一个绿色门户，它劈开青藏高原与印度洋水汽交往的山地屏障，为来自印度洋的暖湿气流提供了一条天然通道，向高原内部源源不断地输送水汽，使青藏高原东南部形成湿热的热带亚热带气候，由此成为云雾缭绕高原特色茶的最适宜区域。为发挥藏东南谷地的生态资源优势，按照高产、优质、高效、生态、安全的现代农业发展要求，构建集特色农业、现代农业、休闲农业与家庭农场为一体的新型全产业链青藏高原东南高山峡谷现代农业经营体系，打造国家级农业可持续发展试验示范区。

(三)建设实施国家乡村振兴战略综合试验示范区

党的十九大报告首次提出乡村振兴战略。报告强调："农业农村农民问题是关系国计民生的根本性问题，必须始终把解决好'三农'问题作为全党工作重中之重。要坚持农业农村优先发展，按照产业兴旺、生态宜居、乡风文明、治理有效、生活富裕的总要求，建立健全城乡融合发展体制机制和政策体系，加快推进农业农村现代化。"农业农村是全面建成小康社会的短板，农业农村优先发展，实现乡村振兴，才能确保全面小康目标的实现。林芝实施乡村振兴战略就是要实现林芝全域农业农村农牧民优先发展，建立健全城乡融合发展体制机制和政策体系，加快推进林芝市农业农牧区现代化。实施乡村振兴战略，农业绿色发展是根本，现代农业统筹规划是保障，需要强化林芝三产业融合协同发展。

总之，林芝实施乡村振兴战略必须发展现代农业，区域发展的目标之一就是将林芝建成为藏区国家实施乡村振兴战略的综合示范区。在资源保护与节约利用上，健全林芝农业生物资源保护与利用体系；在产地环境保护治理上，健全化肥、农药等农业投入品减量使用制度，完善秸秆、畜禽粪污等资源化利用制度，建立废旧地膜和包装废弃物等回收处理制度；在修复农业生态系统上，推进草原生态保护与恢复，加强水生生态保护修复、林业和湿地养护等。最终实现林芝农业主体功能与空间布局科学合理，建立农业生产力布局、农业资源环境保护利用管控、农牧业绿色循环低碳生产等制度和贫困地区农业绿色开发机制。

(四)构建"一带一路"上重要的农产品物流电商共享平台

林芝市位于西藏自治区东南部，地处雅鲁藏布江中下游，其西部和西南部分别与拉萨市、山南市相连，东部和北部分别与昌都市、那曲地区相连，南部与印度、缅甸两国接壤。茶马古道中的滇、藏路线是：西双版纳—普洱—大理—丽江—德钦—察隅—邦达—林芝—拉萨。到达拉萨的茶叶，还经喜马拉雅山口运往印度加尔各答，大量行销欧亚，使它逐渐成为一条国际大通道。2009 年 9 月，川藏铁路正式动工修建，全线贯通后，成都到拉萨只需 8 个多小时。川藏铁路起于成都，经康定、林芝到拉萨，全长 1629 km。川藏铁路沿线自然资源富足，沿途复杂多样的自然环境，显著的地域差异组成了一条色彩斑斓的彩带。

"一带一路"建设将贯通我国与欧亚的陆路经贸通道。目前西藏的亚东和聂拉木口岸是我国通往南亚印度、尼泊尔的两个重要陆路口岸。川藏铁路构成了西藏与内地的又一条通道，有利于西藏丰富资源的开发；为西藏与内地及沿海地区贸易发展和经济往来提供了便利的交通条件；沿线风景雄奇、秀丽，将成为新的旅游亮点；有利于藏族与汉族及其他少数民族文化的交流和融合；加强了与周边国家的贸易往来。林芝必需抢抓国家实施"一带一路"建设这一重要机遇，围绕拓展对外合作、抢占战略高地、构建对接"一带一路"农产品物流电商平台，大力发展为青藏高原最大"互联网＋"电商节点，强化林芝与拉萨、成都、重庆、广州、深圳、西安都市圈的联动发展，依托都市圈的市场资源，充分挖掘林芝市名特优农副产品的品牌优势，将林芝市打造成为西南农副产品(名特)物流基地、食品深加工基地，建成我国西南地区最大的特色农产品网络集散交易中心，以及南亚地区重要的农产品国际电商物流共享平台。

(五)打造国际首选藏区休闲农业和文化旅游极地

林芝，位于西藏自治区东南部、雅鲁藏布江中下游，是西藏自治区海拔最低、气候最温暖湿润、生态环境最好、生物多样性最丰富的地区，大香格里拉生态旅游区的腹地，拥有世界落差最大的垂直地貌。平均海拔为 3100 m，年平均气温为 8.7 ℃，空气含氧量为 80％，森林覆盖率为 46％。从人文资源来看，林芝是一个由藏、汉、回、怒、门巴、珞巴等十几个民族和僜人组成的以藏族为主体的多民族聚居区。

"人间仙境、醉美林芝"是人们对林芝的亲身感受。在 2005 年中国国家地理杂志社评选的中国最美的地方中，西藏有 9 个旅游资源获此殊荣，林芝地区就独占 5 个。其中，雅鲁藏布大峡谷、南迦巴瓦峰、藏布巴东瀑布群分别被评为中国最美的十大峡谷、十大名山、六大瀑布之首，米堆冰川和波密岗乡云杉林被评为中国最美的六大冰川之四和十大森林之五。丰富的景观资源、古老的民俗文化、原始的宗教信仰、厚重的历史文明，构成了林芝地区独特的旅游资源，使林芝全域旅游呈现了美好的发展前景。未来 10 年可以将其打造成为多类观光农业与多层次休闲农业旅游综合体，各区域特色鲜明，一年四季月月有景，满足高级定制豪华旅游，也适合科考探险背包徒步体验深度之旅，极大提升了林芝高端多功能国际旅游极地品牌的知名度与影响力。

第二节　规划主导产业选择

(一)主导产业选择依据

主导产业的选择要坚持以市场为导向，立足区位和资源优势，积极探索发展特色鲜明的现代农业产业。林芝市是青藏高原通往西南、华南的重要门户，优越的地理区位、独特的资源禀赋、川藏铁路的即将开通，决定了现代特色农业是林芝市农业发展的主攻方向，但是由于藏东南高山峡谷立地气候特点，林芝市农牧产品种类众多，产业各有特色，发展规模和市场前景各有差异。从市场的角度讲，西藏的农产品有以下 3 种情况：一是已经和能够打出去，具有区外市场占有率的产品，如菌类、藏药材、文化产品等，这部分产品及其产业就要立足"走出去"，保持特色，确保质量，这是做大、做强的基础；二是当地一些特色产品虽然不错，但区外市场认同率不高，加上生产、运输成本过高，没有区外市场竞争力，但旅游业发展之后，它们获得了区内市场的发展前景，这部分产品及其产业，就要通过积极发展农旅结合，把短线产品带动起来，发挥其区内生产区内销售的地产"优势"；三是区内消费的传统产品，随着区内人民生活水平的提高，这些产品也有一定的市场潜力，但会随着区内市场的相对饱和而受到限制。3 类产品都要打好深加工和质量牌。本规划重点产业的选择本着因地制宜、突出重点的原则，分层次、有重点地将最具发展潜力和比较优势的产业作为主导产业来培育。主要考虑以下几个方面：

——地域专业化与区域联运发展原则。重点产品基地的建设以"多县一品、产业联动"为基本原则，所以各区(县)、乡(镇)都要结合自身的生态资源优势，打造自己的主导产业与特色主打产品。

——比较优势指向与产业联动发展原则。重点产业建设不搞"撒胡椒面"，不要"小而全"，重点在于最大化地发挥区域特色产品的比较优势。

——市场机制引导与政府联推发展原则。要通过培育主导产业、"发展产业园区""壮大龙头企业""发展特色产业"等重点措施，面向国内、国际两个市场，辐射整个藏东南与周边地区，积极引导林芝市现代农业的有序发展。

首先，选择传统历史积淀的地方特色产品，即已发展成一定的品牌知名度，产业效益明显的传统优势特色产品。其次，选择生态优势产品，重点选择生态资源优势明显、市场潜力巨大、发展水平还未形成市场规模的产品。最后，选择休闲农业产品，发展未来有市场需求的全域旅游观光农业与休闲体验乡村旅游。

统筹考虑资源、市场、发展潜力和基础条件等因素，本规划选择林芝市具有地域特色和开发潜力的七大主导产业：林果、现代畜牧、茶、蔬菜、藏药材、农产品加工以及休闲农业与乡村旅游产业。

(二)产业发展重点

林果产业：以已有生产基础的核桃、苹果、猕猴桃、桃种植为重点，继续加强种苗生产，大力提升果品质量安全与经济效益水平。

现代畜牧产业：在重点发展高原特色藏猪、奶牛养殖基础上，配套优质牧草基地建设，稳定养殖规模，加快培育更新优势品种实现提质增效。

茶产业：以易贡茶场茶出口基地为突破口，全力打造林芝南部地区—雅鲁藏布绿色有机茶生产基地和名优品牌。

蔬菜产业：以弥补林芝市及周边城镇蔬菜需求缺口为起点，重点发展特色露地蔬菜和冬春温室大棚菜篮子产品等。

藏药材产业：加强藏药材资源保护和繁育研究，按“良好农业规范”(good agricultural practices，GAP)建立藏药材种植、养殖基地，建立并完善藏药材标准，提升藏药材品质。

农产品加工产业：增强糌粑、油菜籽等“米袋子”和“菜篮子”产品加工能力，提升以藏猪、牦牛与乳制品等为主的畜产品加工水平。

休闲农业与乡村旅游产业：建设以林芝资源丰富、特色鲜明且具有原生性、多样性和唯一性的自然及人文资源为基础的独特的高原生态景观综合体和宗教民俗文化综合体。林芝将独特的峡谷、雪山、冰川、湖泊、森林、江河、瀑布等几乎囊括高原生态景观特性与历史传说、宗教文化、民俗风情等独特的人文资源集于一身，林芝市是休闲农业乡村旅游的全能区域，重点在品牌与名牌的打造。

第三节　规划总体布局

根据林芝市各县(区)资源禀赋、产业发展基础、生态环境承载力、宏观经济政策、国内外市场环境等因素，遵循“依托资源、适度集中、拓展功能、示范带动”的原则，抓住“一带一路”国家战略和西藏全域旅游战略实施为林芝经济社会发展特别是旅游业跨越式发展提供的难得机遇，“打造欧亚区域经济一体化新格局”是“一带一路”总体战略目标的一部分，林芝地处藏东南，是连接南亚、中亚等国的纽带，也是南亚各地文化交融的集中地区。对林芝市现代农牧业产业布局进行优化提升，在特色产业“一带四基地”的基础上，构建“一轴三区一核”((彩)图 4-1)与“一园三心多基地”((彩)图 4-2)相结合的现代农业空间格局。抓住国家对西藏新的多功能定位与推动“一带一路”和西部大开发战略实施的有利时机，打造 318 国道沿线的现代农业产业经济拓展轴。依托资源优势与产业基础，分别建设以北部藏猪奶牛牦牛产业为主的农牧区、中部优质林果产业为主的农牧区、东南高原特色茶及热带作物产业为主的农牧区、市郊休闲观光农业环带。在区域协调发展的基础上，根据各区特色与发展重点，打造一个现代高效农业科技创新核心区，以及“鲁朗小镇国际旅游度假中心”和“墨脱门巴珞巴农耕文化体验中心”，建设全国一流、技术先进、辐射能力强的多个示范基地，形成点、线、面有机结合，以点带面、产业联结、集群发展的整体空间发展格局，辐射带动周边地区现代农牧业持续、稳定、快速发展。

（一）“一轴三区一核”

1.“一轴”：沿318国道两侧重点发展高效设施农业，形成以现代生态农业四季景观为主体的现代农业产业经济拓展轴

规划范围：大致为国道沿线的两侧区域，青山绿水的林芝云雾缭绕，仿若人间仙境。沿着有我国最美景观大道之称的318国道从林芝前往“冰川之乡”波密、察隅的部分乡（镇）。

发展方向：突出交通便利优势，重点发展以高原特色茶、林果、蔬菜、藏药材为主，食用菌、瓜类为辅的高效设施农业，通过园区农业、体验农业、科普农业和精品农业等不同方式，并与中国农业科学院、西藏自治区农牧科学院等单位合作，选取部分农场作为高新农业、农作物新品种试验、示范和推广基地，打造一条亮丽的现代农业高新科技展示区与休闲农业四季景观带。

2.“三区”：依托资源优势与产业基础，分别建设以北部藏猪、奶牛、牦牛产业为主的农牧区、中部优质林果产业为主的农牧区、东南高原特色茶及热带作物产业为主的农牧区

（1）北部藏猪、奶牛、牦牛产业为主的农牧区

区域范围：主要包括工布江达、巴宜区、米林县、波密县养殖较为集中的区（县）。

发展方向：区内工布江达县错高乡与波密县巴盖乡的藏猪较纯，1993年错高乡被确定为藏猪原种保护区，2004年被正式确定为地方原始猪种。2010年工布江达县“国家级藏猪遗传资源保护区”申请通过专家认证。本区域错高乡、巴盖乡继续藏猪原种保护，严防外来猪种“入侵”，在做好藏猪遗传资源保护核心区保种科研开发的同时，加强藏猪、奶牛、牦牛的标准化商品养殖与加工产业化的延伸，开发高原特色的名牌畜产品。

（2）中部优质林果产业为主的农牧区

区域范围：主要包括巴宜区、米林县、朗县和米林农场林果种植较为集中的乡（镇）。

发展方向：区域内各乡（镇）有栽种苹果、核桃、桃子、梨等果品的习惯，在进一步扩大规模、规范栽种管理技术规程的基础上，更新优良品种，培育品牌与发展特色加工，结合全域旅游的赏花、采摘体验习俗节庆等，增加产品附加值，提高产业效益。

（3）东南部高原特色茶及热带作物产业为主的农牧区

区域范围：主要包括雅鲁藏布江流域高山峡谷的湿润河谷的波密、易贡茶场、察隅县、察隅农场和墨脱县。

发展方向：雅江流域谷地气候非常适合茶树生长，今后将进一步发挥区域生态环境优势，重点打造高原特色茶产业，改造老茶园、拓展新茶园，引进试种名优新茶树品种，培育

地域名优品牌，结合全域旅游与茶马古道文化开发旅游系列茶产品，提升茶产品知名度与效益。

3.“一核”：现代农业核心区

区域范围：围绕巴宜市区的林芝镇、鲁朗镇，工布江达的巴河镇、错高乡，米林县的派镇和米林农场等为内核。

发展方向：这一核心地处林芝市区，紧邻米林机场与318国道，这一区域交通和住宿便利，公共基础设施完备，既有西藏农牧学院等院所、现代化的藏猪等畜产品加工企业和设施农业，也有发展观光农业和乡村休闲旅游的多种优势，已有景点巴松错、柏树王林、鲁朗林海牧场、阿沛庄园等。在此基础上，规划增加现代农业多种功能展示方面的策划，如集现代种植、养殖、加工、物流与电商平台等一、二、三产业融合发展的现代农业园区的培育，高新科技教育展示、美丽乡村与特色小镇的打造及民俗表演与特色文化节庆会展活动等。

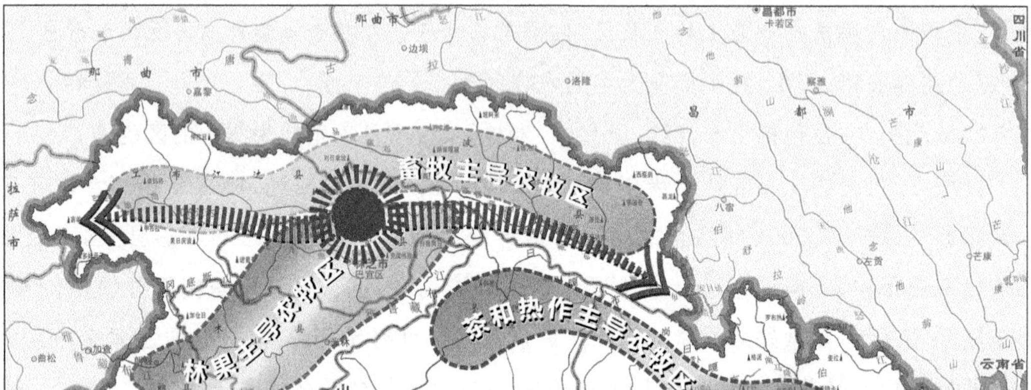

图4-1 总体空间布局“一轴三区一核”

(二)“一园三心多基地”

1.“一园”:巴宜国家级现代农业示范园区

区域范围:包括以巴宜国家级现代农业园示范区为主,涉及市区大部分乡(镇)。这一区域已有林芝国家农业科技园区、林芝国家可持续发展试验区、西藏自治区农牧科学院蔬菜研究所藏东南生态农业综合试验示范区、西藏农牧学院的科研基地等均在巴宜区或者是核心区,统筹考虑、整合资源、相互弥补、形成一体化发展的格局。(注:如果规划题目调整,现在的核心区或现在的“一园”可调整为“国家乡村振兴战略综合示范区”。)

发展方向:以蔬菜的高新技术农业园区和农产品加工园区等为基础,再结合都市农业观光旅游打造一个国家级现代农业园示范区,通过各种农业新品种、新技术的集成与展示,建设集高效特色作物良种繁育、引进、高效栽培与示范为一体的多功能农业高新技术产业示范园。综合运用农业物联网技术,展示果品生产、水产养殖、生态畜牧业等,以及国内外最新的品种、栽培技术和开发等,构建种植和养殖加循环农牧业经营与一、二、三产业融合发展的新模式,引领带动全市现代农业发展。

2.“三心”:鲁朗小镇国际旅游度假中心、墨脱门巴珞巴农耕文化体验中心、南伊沟藏医药健康旅游体验中心

(1)鲁朗小镇国际旅游度假中心

区域范围:包括巴宜区鲁朗镇。

发展方向:鲁朗位于西藏林芝巴宜区以东 80 km 左右的川藏路上,地理位置优越、旅游资源丰富,有“东方瑞士”的美誉。主要以冰川地貌、高山峡谷和动植物资源景观为主,是冰川、高山、峡谷、草甸、森林、河流、湖泊等各种景观并存举世不可多得的国际顶级旅游资源目的地。鲁朗小镇是广东依托林芝市丰富的生态旅游资源产业援藏的重点项目和样板工程,是全国援藏最大的旅游项目。财政投入 13 亿元建设基础设施,同时吸引了保利等知名企业投入 25 亿元社会资金参与建设酒店、商业街等配套设施,项目已于 2017 年 3 月 28 日试营业,仅 2017 年前 8 个月就已经接待游客 65.74 万人次。鲁朗小镇正在创建国家级旅游度假区及 AAAAA 级景区。今后需要进一步加强旅游文化特色的打造与在旅客接待周到细致上下功夫,吸收客人延长旅游休闲的时间与拓展更多线路和项目。

(2)墨脱门巴珞巴农耕文化体验中心

区域范围:墨脱县德兴乡、背崩乡等。

发展方向:墨脱县的纬度接近 30°N,地处雅鲁藏布江下游,气候、地形、地质等自然环境复杂,境内分布有雪峰、冰川、林海,有亚热带景观,也有热带景观,地域差异显著,有“植被类型天然博物馆”之称。2013 年 10 月,墨脱公路通车后,进出墨脱县的人数从

每年 0.5 万余人上涨至每年 6 万余人。同时墨脱还是门巴与珞巴族聚居区，像被隔绝多年的自然风光一样，门巴与珞巴民俗文化也是有待中外游客探索、发现和体验。德兴乡德兴村美丽乡村是门巴族的村落，背包客可以体验门巴的生产生活。背崩乡背崩村茶曲卡茶园 1000 亩，全县共有茶园 5826 亩，另外茶加工企业也初具规模。墨脱盛产香蕉、柠檬、蜜柚和枇杷等，热带果品的品质都较不错，崇尚慢生活的长假游客可以充分体验古老神秘的门巴珞巴人的生产生活。

(3)南伊沟藏医健康旅游体验中心

区域范围：米林县南伊乡。

发展方向：南伊沟有“藏地药王谷”之称，传说藏药始祖宇妥·云丹贡布曾在此地炼丹并行医授徒，是神秘藏医药文化的重要发源地。沟内纵深超过 40 km，有保护完好的天然原始森林，四周群山环抱，气候湿润，云雾缭绕，动植物资源十分丰富，平均海拔为 2500 m，被誉为“中国绿色峰级的森林浴场”“地球上最高的绿色秘境”。该景区既是天然氧吧生态旅游区，又是珞巴族民俗旅游点，休养游览景观众多。春天满山的桃花杜鹃，秋天满山的红叶。景区内有珞巴民俗村、藏药观赏园、千年云杉王、扎贡原始森林、甘露洞(藏医药鼻祖玉妥·云丹贡布大师行医授徒之地)等景点。在现有藏医药种植基地的基础上，可利用本地丰富的旅游资源和藏医药资源，深入挖掘“米林药洲”的历史文化底蕴，规划建设藏医药健康疗养中心，辐射带动休闲农牧业发展。米林县南伊沟乡离机场近，知道这条沟并且走进这里的人却不多。所以这里仍旧保持着最原始的美，是实至名归的天然氧吧，进入沟谷内会让游人感觉神清气爽，停留数日则可以疗养身体、恢复身心健康。

3. 多基地：八大主导产业将打造众多项目建设基地

区域范围：基本涵盖了全市 7 个区(县)的大部分乡(镇)。

发展方向：林芝国家现代农业示范区的建设将突出“科技”和“绿色”这两大要素，随着示范区的建成，大量有高原特色的绿色食品将从这里走向国内和国际两个大市场，这里将成为“高原绿色食品”战略基地。未来将重点发展：林果产业、现代畜牧业、高原特色茶产业、蔬菜产业、藏药材产业、野生经济真菌保护开发和农牧产品加工，以及休闲观光农牧业与乡村旅游八大主导产业，每个主导产业都有策划打造相应的重点产业基地。产业间既有交叉关联，又有相互融合，从而构成林芝现代农牧业发展体系。

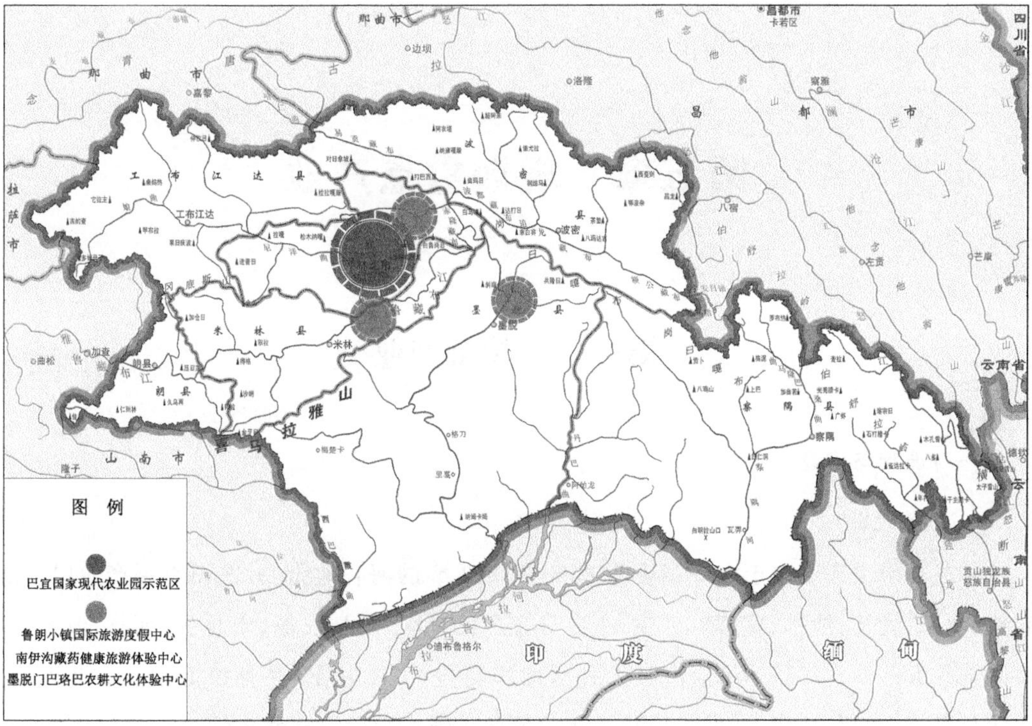

图 4-2　总体空间布局“一园三心多基地”

第五章 规划重点产业

第一节 林果产业

(一)现状与问题

1. 发展现状

林芝林果主产区位于海拔高度为2200～3200 m的河谷地带,林芝市林果产业以发展核桃、苹果、葡萄、油桃、草莓等为主,主要分布在巴宜区、米林农场、米林县、朗县、波密县、察隅县几大区域。2017年,全市林果种植面积新增3.03万亩、总种植面积27.12万亩。林芝林果以散户种植为主,处于由传统粗放型向品牌集约型的转型阶段。

林果产业化取得一定的成绩,“十二五”末,全市共有水果国营农场1个(米林农场)、龙头企业1家(西藏林芝圣域农牧综合有限公司)、合作社4家。

林芝市还坚持把培育知名品牌、关注商标注册放在做大做强特色产业的重要位置,不断提升产品品牌形象和市场竞争力。市特色产品地理标志产品申报领导小组积极开展“三品一标”认证工作,截至2017年,朗县核桃被列入农业部名特优产品目录,米林县优质水果专业合作社于2015年通过无公害水果认证。

2. 存在问题

林芝高原特色林果产业已实施近10年,虽然取得了巨大成绩,但是还存在基础设施薄弱、产业化程度较低、市场流通与服务体系不健全等方面的问题。

(1)林果科技水平较低

林果科技人才缺乏,科技推广水平较低,现有的农牧业科技服务体系远远满足不了林果产业项目建设和经营的需要。由于果农的文化水平较低,加上对果农的科技培训不够,导致果农的科技水平低,严重影响林果产业的发展。

(2)基础设施薄弱

由于历史和自然的原因,林果产业基础设施建设薄弱,“靠天吃饭”的问题严重。农田水利设施不完善,果园土壤改良水平低,果园道路建设落后。

(3)产业化程度较低

林芝市林果种植基地已初见雏形,但大部分都是分散种植或者是庭院经济,产业化程度偏低。一方面林果产业发展水平参差不齐;另一方面缺乏龙头企业的带动,加工转换能力弱。

(4)投入不足,基地规模小

高原独特的自然资源孕育出独具特色的果品,林果产业已成为市场优势明显、发展前景广阔的特色农业,是增加农牧民收入的重要途径。由于投资不足,无法扩大基地建设规模,林果产业基地规模小,远远不能满足广阔市场需求和龙头企业加工原料需求,致使企业不敢接受市场订单而处于半停产状态,造成特色产业只有礼品而无产品状态。

(5)市场体系不健全,缺乏自有品牌

农产品市场流通与服务体系不健全,限制了林果产品的正常流通,以信息化、电子商务和网络技术为特征的现代商贸物流体系尚未形成,原料供给、生产加工和产品终端市场供求信息不对称,限制了产品的流通,市场对产业的引导作用发挥不够。

随着林芝市林果品种得到不断改良、优质水果基地的建设,林果品质得到很大提高,但自身品牌的建立和打造力度不够,不能取得较大的经济效益。

(二)产业定位与发展目标

1. 产业定位

林芝市林果产业的发展,要充分利用林芝气候的独特性,发展具有林芝特色的高原林果业。

(1)高原优质果品出产地

以得天独厚的气候优势为依托,加快发展林果产业,建立高产、绿色、安全的林果产业生产体系,构建林芝果品产销一体化格局,形成具有西藏区域特色,知名度高,美誉度好,市场竞争力强,经济、社会和生态效益俱佳的林果品牌。将林芝市林果产业建成产加销、贸工农一体化的高原优质果品出产地。

(2)新型农业经济建设示范区

林芝市林果产业将以无公害、绿色、有机种植、加工为主线,延伸连接多种产业形态融合发展,集现代农业种植、精深加工、现代商贸物流、农业互联网＋、农业休闲旅游为一体,最终形成完善的林果产业体系,建成西藏自治区首个以高原特色林果为主体的规模化、标准化、现代化的产业发展模式,力争成为中国高原农业经济建设的示范榜样。

(3)高原休闲观光农业样板区

以林果种植基地为基础,以休闲观光采摘等旅游新要素为手段,打造果业旅游景点,延伸产业链,推进一、二、三产业融合发展,凸显林芝市林果产业聚合效益,力争打造林果产业为高原休闲观光农业样板区。

2. 发展目标

到 2020 年林果种植面积达到 30.0 万亩，全市新增林果种植面积 2.88 万亩，完成 1.0 万亩老果园标准化改造，建设林果种植示范基地面积达到 3.0 万亩，实现林果农产品 60% 无公害产品认证、30%绿色食产品认证和 10%有机产品认证。林果产业总产值达到 11.0 亿元，直接带动农牧民人均增收达到 6000 元以上。建设完成较为完善的果品加工体系，加工转化率达到 35%以上，其中核桃加工转化率达到 40%以上。品牌建设取得初步成效，形成了国内知名果品品牌 2 个，林果产业化基本完成。建成较为完善的市场物流体系。初步建成新品种、新技术推广体系，苗木繁育体系和以林果为主的农旅结合体系。

到 2025 年巩固 30.0 万亩林果种植面积，不再增加新的种植面积，完成 3.0 万亩老果园标准化改造，建设高原特色林果种植示范基地面积达到 6.0 万亩，实现林果农产品 40%无公害产品认证、40%绿色食产品认证和 20%有机产品认证。高原特色林果产业总产值达到 18.0 亿元(表 5-1)。建设完善的加工转化体系，加工转化率达到 40%以上。建成完善的物流、市场和营销体系。建成新品种、新技术推广体系、苗木繁育体系和以林果为主的农旅结合体系。

表 5-1 林果产业发展目标

发展指标	基期(年)	2018—2020 年			2021—2025 年				
	2017	2018	2019	2020	2021	2022	2023	2024	2025
种植面积(万亩)	27.12	28.0	29.0	30.0	30.0	30.0	30.0	30.0	30.0
产值(亿元)	7.1	8.9	9.9	11.0	12.0	13.0	14.5	16.0	18.0

注：1. 基期 2017 年估算产值是 7.1 亿元。

2. 2020 年林果种植面积达到 30.0 万亩，至 2025 年巩固 30.0 万亩，不再增加新的种植面积。因此，表中种植面积从 2020 年开始，一直维持在 30.0 万亩。

(三)主攻方向与建设路径

1. 林果育苗基地建设

建设一批林果育苗基地，形成“品种选育—良种繁育—示范推广”的良种繁育体系，通过选育适宜林芝市独特气候的林果品种，加大科技投入，进行林果苗木的品种改良、新品种选育及研发、良种示范推广工作，进一步提高全市林果种植的良种覆盖率。

2. 果园的标准化改造

通过改善灌排条件，完善农田水利基础设施，提高土壤肥力，引进新品种、新技术，改进耕作制度和种植模式，提高农业科技化、机械化水平，扩大产业化经营程度，加大病虫害防治和生态环境保护，快速提升林果产量。可采用重新栽种优良品种果苗的技术措施，此技术措施优点是重新栽种的品种好、果园将来的前景效益好、获得效益的时间较长，同时有利于采用先进的标准化果树栽培技术。还可采用高位嫁接技术，在现成的果树上嫁接优质品种的果树接穗。

3. 土地整治

林芝市耕地面积少，且耕地主要用来种植农作物，用来种植水果与核桃的耕地非常少，而本地又有大量的低山腰山地可以用来种植水果、核桃。这些低山腰荒地要进行果木种植就必须进行土地整治，将土地翻耕、平整、做等高梯田。

4. 基础设施建设

水果与核桃种植最关键的是水利条件，所以选择水果与核桃基地时必须考虑是否能解决水的问题。此外是道路，只有路通果品才能及时运出。重点将水利设施与道路等基础设施建设好。

5. 技术培训

林芝市从事水果和核桃产业的农业技术人员与果农的生产技术水平低，急需进行培训。培训分技术人员和果农培训两种方式进行。采取请进来与走出去两种方法，请进来就是请外地的技术人员到本地来进行技术培训，走出去主要是派出县、乡两级的技术人员和有条件的果农到水果和核桃生产技术先进的地区去学习先进的水果与核桃生产技术。培训的内容主要包括水果与核桃生产中的栽植、修剪、施肥、病虫害防治、全生长季节田间管理等技术。

6. 调动各方面积极性加大投入

采取各种措施调动各方面积极性加大对水果、核桃产业发展的投入。调动政府、各有关部门、企业、农户的积极性，同时制定相关政策加大对外吸引资金投入水果与核桃产业的力度。大力发展集体经济和各类专业合作组织，积极培育果品龙头企业，走“公司＋基地＋农户”的发展模式。建立健全果品质量监督检验体系，加快标准化和无公害生产，提高果品的经济效益。

7. 加快农业产业化发展

推动果品分选包装，保鲜贮藏配套设施，提高林芝市果品的深加工能力和附加值；推进果业与旅游业和生态建设的结合；建成果品加工体系、市场营销体系、技术服务体系和政府支持保护体系。树立品牌意识，建立高效的果品互联网营销网站。

8. 以科技为支撑，提质增效

产业要发展，科技必先行，提高水果产业与核桃产业的竞争力关键在于科技进步。当前要推动林芝市与中国农科院、西藏农科院、西藏农牧学院等有关果业研究和推广单位合作，针对林芝市果品产业存在的关键技术难题进行科研攻关。重点推广以下技术：①标准化生产技术;②高效树体修剪技术;③改土培肥的沃土技术;④引进选优果树新品种;⑤果品分选和包装技术;⑥有机果品生产技术;⑦果树节水栽培技术;⑧果品深加工技术;⑨贮运保鲜技术。

9. 果品营销

树立品牌:利用各种措施大力推介林芝果品的原生性、食用安全性、有机性,使得林芝的知名果品品牌尽快建立起来。

农旅融合:随着旅游业的不断发展,旅游人数的不断增加,游客对消费的多样化,游客对于果品的需求也不断增加。林芝要不断提升果品的品质与产量来满足游客对果品的需求,不断提高果品的本地化比重。同时果园建设可以与旅游结合起来成为旅游的景点。

互联网营销:在具备条件的地方开发农村电商,建立高效的果品互联网营销网站,加强互联网营销网站技术管理与行政管理,使其在合法有序的环境中发展壮大。加入全国知名商业网站的营销网络,成为其不可或缺的一分子。

(四)布局与重点项目

1. 林果产业布局

林芝市林果产业以发展核桃、苹果、葡萄、油桃、草莓等干果和水果为主。根据林芝市6县1区的地理自然条件、林果产业基础与现状,将规划范围按两个层进次行立体布局((彩)图5-1)。

(1)产业发展核心区

包括巴宜区、米林县、朗县、米林农场。主要有:色林果种植基地、精品休闲采摘现代农业示范区、林果育苗基地、林果产品加工及流通集散区。巴宜区、米林县、米林农场重点发展优质苹果、核桃、葡萄、油桃、草莓等水果和干果产业。朗县主要发展核桃、苹果等。

(2)产业发展提升区

包括波密县、察隅县和墨脱县。高标准优质高效的林果基地,热带与亚热带优质水果种植基地。波密县重点发展优质苹果、葡萄和猕猴桃等产业,察隅县重点发展猕猴桃、油茶、枇杷、石榴和苹果等林果产业。墨脱县重点发展热带与亚热带林果产业。

2. 重点建设项目

(1)林果种植建设工程

建设内容:进行翻耕、平整等整理土地工作,同时进行水利设施等基础设施建设,选择优良苗木进行栽植。

建设地点:巴宜区、米林县、朗县、米林农场、波密县、察隅县和墨脱县。

建设面积:2.88万亩,在巴宜区、米林县、朗县、察隅县、波密县、米林农场新建水果种

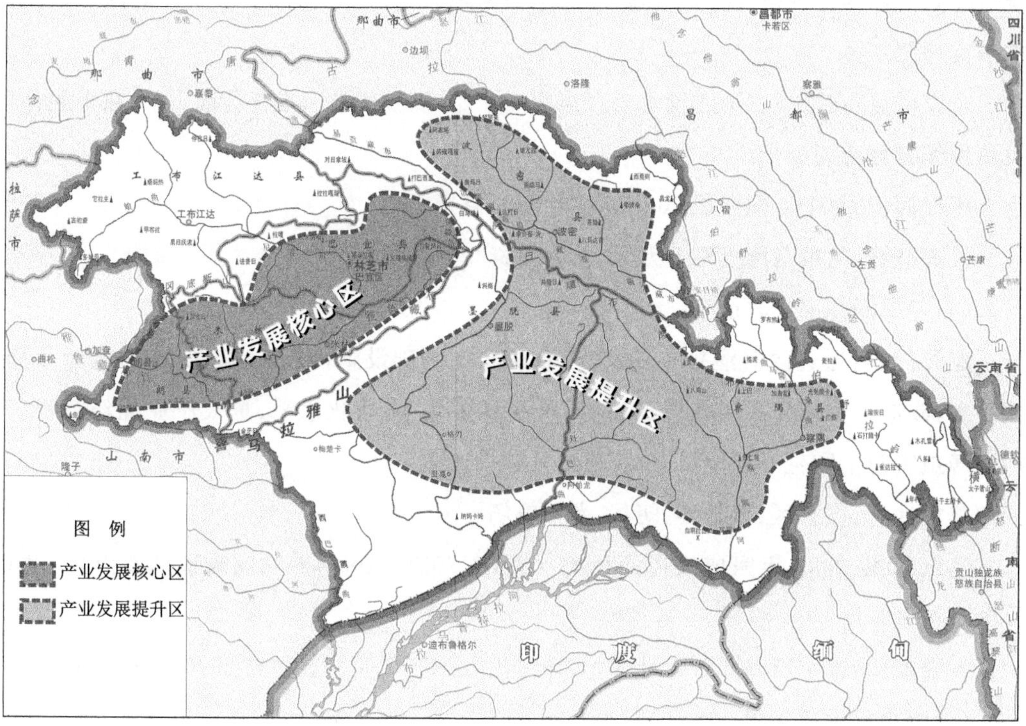

图 5-1　林果产业布局

植基地 2.70 万亩，在巴宜区建设有机草莓种植 0.03 万亩，在墨脱县、察隅县、波密县建设热带、亚热带林果种植基地 0.15 万亩。

投资概算：以每亩投资 8000 元计算，共计投资 2.3 亿元。到 2020 年全部完成。

（2）标准化种植基地建设

建设内容：按照无公害、绿色、有机生产技术规程，建设林果种植示范基地和标准化种植基地，高标准建设水利道路等基础设施，采用现代的生产与果园管理技术，强化病虫害防控，运用现代化管理措施，建立健全林芝市林果标准化种植体系。

建设地点：巴宜区、米林县、朗县、米林农场。

建设面积：到 2020 年建设无公害果品种植基地 1.1 万亩，绿色果品种植基地 0.7 万亩，有机果品种植基地 0.2 万亩，合计 2.0 万亩。到 2025 年建设无公害果品种植基地 2.2 万亩，绿色果品种植基地 1.8 万亩，有机果品种植基地 0.9 万亩，合计 4.9 万亩

投资概算：以每亩投资 1.2 万元计算，共计投资 5.88 亿元，其中到 2020 年为 2.4 亿元。

（3）良种繁育体系建设

建设内容：通过选育适宜林芝市独特气候的水果品种、干果品种、热作作物品种，加大科技投入，进行林果苗木的品种改良、新品种选育及研发、良种示范推广工作，进一步提高

全市高原特色林果种植的良种覆盖率，逐渐提高林果生产能力，向全市以及全自治区提供林果良种苗木。

建设地点：在米林农场建设水果育苗圃 1 个，在朗县建设干果育苗圃 1 个，在墨脱县建设热作作物育苗圃 1 个。

建设面积：每个苗圃面积 100 亩，共计 300 亩。

投资概算：每亩苗圃投资 5 万元，共计投资 0.15 亿元。

(4)老果园标准化改造

建设内容：通过改善灌排条件，完善农田水利基础设施，提高土壤肥力，引进新品种、新技术，改进耕作制度和种植模式，提高农业科技化、机械化水平，扩大产业化经营程度，加大病虫害防治和生态环境保护，快速提升林果产量。

建设地点：巴宜区、米林县、朗县、米林农场。

建设面积：2020 年完成改造面积 1.0 万亩，2021—2025 再完成改造 2.0 万亩，共计 3.0 万亩。

投资概算：以每亩 0.6 万元计算，共计需投入 1.8 亿元。其中到 2020 年为 0.6 亿元。

(5)野山桃嫁接工程

建设内容：采用高位或者底部嫁接方式嫁接油桃、水蜜桃和杏等优良品种，大力提高野山桃的产量和品质，从而极大地提高野山桃的经济价值。

建设地点：巴宜区、米林县。

建设面积：2020 完成 1500 亩，2021—2025 年再完成 3500 亩，共计 5000 亩。

投资概算：以每亩 0.5 万元计算，共计需投入 2500 万元。其中到 2020 年为 750 万元。

(6)品牌建设

建设内容：以林果商品化为目标，应树立良好的品牌意识，加强“三品一标”认证，进行品牌顶层设计和产品策划，创建公共品牌，申请商标注册，制定包装规格和设计标准，突出产品定位。引导区域名优特林果资源开发企业联盟，统一包装和标识，共创名牌。

建设地点：市农牧局、巴宜区、米林县、朗县、米林农场、波密县、察隅县和墨脱县。

投资概算：800 万元。其中到 2020 年为 300 万元。

(7)市场与物流体系建设

建设内容：以储藏、冷链、运输建设为重点，建设完善节点通道物流设施设备，提升全市农产品物流装备设施和运输方式，建设产品专用储运设施，满足产品物流需求；促进第三方物流、物流信息化发展，提高物流现代化水平和流通效率。以传统的农产品集贸市场为基础，农产品综合性批发市场为主体，重点培育和发展林果产品专业化市场、电子商务网络市场。

建设地点：物流体系建设和互联网＋电子商务体系建设的重点在巴宜区，巴宜区、米林县、朗县、波密县、察隅县和墨脱县各建 1 个果品专业市场，计 6 个。

投资概算：物流体系建设投资 1.0 亿元，果品专业市场 1.2 亿元，互联网＋电子商务体系建设 0.1 亿元。共计 2.3 亿元。

(8)果业生产技术培训

建设内容：培训农技人员，培训内容为苗木栽植、田间管理、果枝修剪、病虫害防治等。培训果农，培训内容为田间管理、果枝修剪。

建设地点：室内培训中心在巴宜区，米林县、米林农场、朗县、波密县、察隅县和墨脱县各设 1 个培训点，室外就在当地果园进行。

投资概算：800 万元。其中到 2020 年为 300 万元。

(五)投资估算与效益分析

1. 投资估算

林果种植建设工程 2.30 亿元，其中到 2020 年投资为 2.30 亿元；标准化种植基地建设 5.88 亿元，其中到 2020 年投资为 2.40 亿元，2021—2025 年投资为 3.48 亿元；良种繁育体系建设 0.15 亿元，其中到 2020 年投资为 0.15 亿元；老果园标准化改造 1.80 亿元，其中到 2020 年投资为 0.60 亿元，2021—2025 年投资为 1.20 亿元；野山桃嫁接工程 0.25 亿元，其中到 2020 年投资为 0.075 亿元，2021—2025 年投资为 0.175 亿元；品牌建设 0.08 亿元，其中到 2020 年投资为 0.03 亿元，2021—2025 年投资为 0.05 亿元；市场物流体系建设 2.30 亿元，其中到 2020 年投资为 1.30 亿元，2021—2025 年投资为 1.00 亿元；果业生产技术培训工程 0.08 亿元，其中到 2020 年投资为 0.03 亿元，2021—2025 年投资为 0.05 亿元(表 5-2)。

以上总计投资为 12.84 亿元，其中到 2020 年投资为 6.885 亿元。

表 5-2　林果产业投资概算　单位：亿元

项目名称	2018—2020 年				2021—2025 年					
	2018	2019	2020	小计	2021	2022	2023	2024	2025	小计
林果种植建设工程	0.70	0.80	0.80	2.30						
标准化种植基地建设	0.80	0.80	0.80	2.40	0.70	0.70	0.70	0.70	0.68	3.48
良种繁育体系建设	0.09	0.06		0.15						
老果园标准化改造	0.20	0.20	0.20	0.60	0.30	0.30	0.30	0.30		1.20
野山桃嫁接工程	0.025	0.025	0.025	0.075	0.035	0.035	0.035	0.035	0.035	0.175
品牌建设	0.01	0.01	0.01	0.03	0.01	0.01	0.01	0.01	0.01	0.05
市场物流体系建设	0.40	0.40	0.50	1.30	0.50	0.50				1.00
果业生产技术培训工程	0.01	0.01	0.01	0.03	0.01	0.01	0.01	0.01	0.01	0.05
合计	2.235	2.305	2.345	6.885	1.555	1.555	1.055	1.055	0.735	5.955

注：林果产业是种植生产周期较长的产业，其项目不是整个规划期都有资金投入，表中空白处表示当年不安排投资。

2. 效益分析

经济效益:到 2025 年 30 万亩果园产值可达 18.0 亿元(表 5-1),平均每亩产值 0.6 万元,除去每亩成本 0.3 万元,每亩效益为 0.3 万元,30 万亩果园每年效益为 9 亿元。林果产业效益估算见表 5-3。

表 5-3 林果产业效益估算

项目名称	规模(亩)	2020 年效益(万元)	2025 年效益(万元)
林果种植建设工程	76000	7600	15200
标准化种植基地建设	60000	6000	12000
良种繁育体系建设	300	300	600
老果园标准化改造	30000	1000	3000
野山桃嫁接工程	10000	600	1400
品牌建设			
市场物流体系建设			
果业生产技术培训工程			
合计	176300	15500	32200

注:林果产业后 3 项内容均为公共基础投入,有重要的社会效益或生态效益,但不便计算经济效益,故表中空白。

社会效益与生态效益:林芝林果产业的发展将有力地促进全面建成小康社会和产业脱贫目标的实现,到 2025 年,通过龙头企业和合作社,直接带动从事高原特色林果种植的农民达 3000 户以上,年人均增收达到 8000 元以上。种植基地建设,提升全市森林覆盖率,对水源涵养和防止水土流失起到重要作用,有利于流域的生态建设。通过严格按照无公害、绿色和有机食品生产标准进行生产,合理施用有机肥,严格禁用高毒和高残留农药,减少农业面源污染,将显著改善农村的生态环境。

林果产业项目进度安排和林果项目资金来源筹措分别见表 5-4 和表 5-5。

表 5-4 林果产业项目进度安排

项目名称	基期(年)	2018—2020 年			2021—2025 年				
	2017	2018	2019	2020	2021	2022	2023	2024	2025
林果种植建设工程		○	○	○					
标准化种植基地建设		○	○	○	○	○	○	○	
良种繁育体系建设		○	○						
老果园标准化改造		○	○	○	○	○	○	○	
野山桃嫁接工程		○	○	○	○	○	○	○	○
品牌建设		○	○	○	○	○	○	○	○
市场物流体系建设		○	○	○	○	○			
果业生产技术培训工程		○	○	○	○	○	○	○	○

注:表中○代表项目工程起止时间与建设期限。

表 5-5　林果项目资金来源筹措

重点项目	投资总额（万元）	国家财政投资（万元）	地县配套（万元）	企业自筹/社会资本（万元）
林果种植建设工程	23000	8000	2000	13000
标准化种植基地建设	58800	15000	5000	38800
良种繁育体系建设	1500	500	200	800
老果园标准化改造	18000	5000	1000	12000
野山桃嫁接工程	2500	500	100	1900
品牌建设	800	200	50	550
市场物流体系建设	23000	5000	1000	17000
果业生产技术培训工程	800	500	300	0

第二节　藏猪与奶牛产业

(一)现状与问题

1. 现状

林芝市实施了以特色种植和养殖、畜禽优良品种选育等为主的特色农牧业建设开发项目 122 个，直接受益农牧户达 13021 户。建成了藏猪繁育养殖基地，2017 年藏猪养殖规模达 35.6 万头，奶牛 4.66 万头。畜牧业转型升级初见成效，在产业规模化、标准化的大力实施下，全市畜禽良种覆盖率达到 28%，牲畜出栏率达到 33%。2017 年肉和奶产量分别达 2.75 万 t 和 4.27 万 t。

2. 市场分析

藏猪养殖地方主要在西藏林芝地区和四川甘孜地区，藏猪肉基本被当地人消费，商品量很小。四川的稻城和乡城的藏猪肉，还没有形成规模化的商品藏猪肉供应市场。2000 年以来，我国人均生猪肉年消费量基本稳定在 20 kg，需求变化很小。藏猪肉市场需求由于流通渠道不畅，市场上很少见到藏猪肉的销售。林芝藏猪肉市场面向当地旅游市场和全国高端消费市场。

3. 存在问题

林芝市畜牧业发展正处于加快转型的关键时期，产业发展内部遇到的困难和矛盾与外部环境的制约相叠加，畜牧业可持续发展面临不少挑战与压力。

一是畜牧业发展方式依然落后。藏香猪散养模式不可轻视，但是只要科学指导农户、改进放牧模式、保持绿色散养、塑造良好品牌、保证肉品安全，是一个特色鲜明、特点明显的藏香猪特殊饲养模式。

二是环境保护的压力越来越大。由于畜禽养殖废弃物处理成本偏高，部分养殖场户环境保护意识薄弱，粪污处理设施设备和技术力量缺乏，畜禽养殖污染已经成为现代畜牧业发展的突出问题。

三是资源环境约束越发趋紧。规模养殖用地难、融资难等问题日益突出，加上散养农户快速退出，畜牧业生产增长难度进一步加大。

四是畜产品质量安全提出更高要求。

五是市场风险进一步加大。受畜产品生产特点和市场供求等因素的影响，畜产品价格呈波动态势。在高成本、高风险的发展阶段，畜禽养殖业保持平稳健康发展的难度更大。

(二)产业定位与发展目标

1. 产业定位

坚持保供给、保生态、保安全三者并重，综合人口、资源、环境等因素，调整优化畜牧产业结构和空间布局，重点加强标准化养殖小区及饲草种植基地项目建设，大力发展养殖大户，推行适度规模化、标准化生产；大力发展藏猪、奶牛，以畜禽良种体系为抓手，发展高端、高效、低碳和环保畜牧业。扶持龙头企业技术改造和升级，提高产品质量和附加值，加快促进养殖业走向绿色、优质、安全、生态的可持续发展道路。

2. 发展目标

2020 年：肉产量达到 4 万 t，肉自给率达到 90%以上；奶类产量为 6 万 t 以上，满足林芝市场的需求。规模养殖场畜禽粪便利用率达到 90%。

2025 年：肉产量达到 8 万 t，肉自给率保持 90%以上；奶类产量为 12 万 t 以上，满足林芝市场及周边市场的需求。林芝市养殖业发展目标见表 5-6。

表 5-6 养殖业发展目标 单位：万头

发展指标	基期(年)	2018—2020 年			2021—2025 年				
	2017	2018	2019	2020	2021	2022	2023	2024	2025
藏猪	35.6	50	70	100	100	100	100	100	100
优质奶牛	0.6	1	2	4	5	6	7	8	10

注：2020 年藏猪数量为 100 万头，至 2025 年保持不变。

(三)主攻方向与建设途径

(1)转变畜牧业生产方式为适度规模化养殖

积极扶持标准化养殖小区、适度规模养殖户的发展，促进散养户扩大规模，以适度规模化、标准化、信息化的要求，转变畜牧业生产经营方式，加快发展现代畜牧业。

(2)建立产品质量安全控制下的藏猪散养模式

建立区域封闭、圈舍现代、林间散养、疫病严控、集中屠宰、产品检测、精细分割、专卖网购、塑造品牌的藏香猪产业化发展模式。

(3)发展现代化、标准化、集约化、规模化的奶牛养殖模式

发展现代化设施、规模化饲草生产供给、专业化乳制品加工、生产高品质乳制品的奶牛鲜花养殖模式。

(4)转变畜牧业经营为产业化经营方式

加快开展无公害、绿色、有机畜禽产品及基地认证,提高畜产品质量,打造特色品牌,实现优质优价;大力扶持奶制品加工企业,逐步向精、深加工发展。

(5)提升社会服务增强畜产品竞争力

大力推广"龙头企业+专业合作组织(协会)+农户"的产业化经营模式,逐步实现产加销一体化和订单畜牧业;建设标准化奶站,加强鲜奶运输环节的管理,全面加强质量管理和制度建设,建立奶业持续健康发展的长效机制;加强奶牛品种改良工程建设,以便增加耐用年限、提高鲜奶产量和质量、降低成本。

(四)布局

为了现代畜牧业发展顺利,布局要有前瞻性((彩)图 5-2),避免规模化养殖建设布局选择地点不合理,造成建成不久就要撤迁或搬迁等一系列麻烦,对规模化畜禽养殖区进行分类管理,禁养区里禁止一切规模养殖活动。建设规模养殖场前,必须进行环境影响评价。

全市行政辖区内畜禽养殖区域划分为禁养区、限养区、适养区三大类。

1. 禁养区范围

①尼洋河、雅鲁藏布江、帕隆藏布江、易贡藏布等距离河岸安全水位警戒线 300 m 以内区域。

②风景名胜区、森林公园、旅游区、文物历史遗迹保护区的核心区和缓冲区。

③城镇居民区、文化教育科学研究区等人口集中区域周边 500 m 范围内区域。

④自来水取水口以及水库等具有集中饮用水源功能的上游进水方向 1000 m 范围内区域,下游及两侧 200 m 范围内区域。

⑤法律、法规规定需要特殊保护的其他区域。

2. 限养区范围

①禁养区外延 500 m 以内的范围区域。

②风景区、文物历史遗迹保护区域外延 500 m 范围内区域。

③城镇规划禁养区以及乡(镇)居民住宅区、文化教育和科研等人口密集区禁养区外

延500 m以内范围区域。

④饮用水源地禁养区外延 500 m 范围以内区域；非饮用水源水库 100 m 范围内区域。

⑤国道、省道、高速公路、铁路两侧 1000 m 范围内区域。

⑥根据城镇发展规划和区域污染物排放总量控制要求，应当限制养殖的区域。

3. 适养区范围

禁养区和限养区以外的其他区域为适养区。

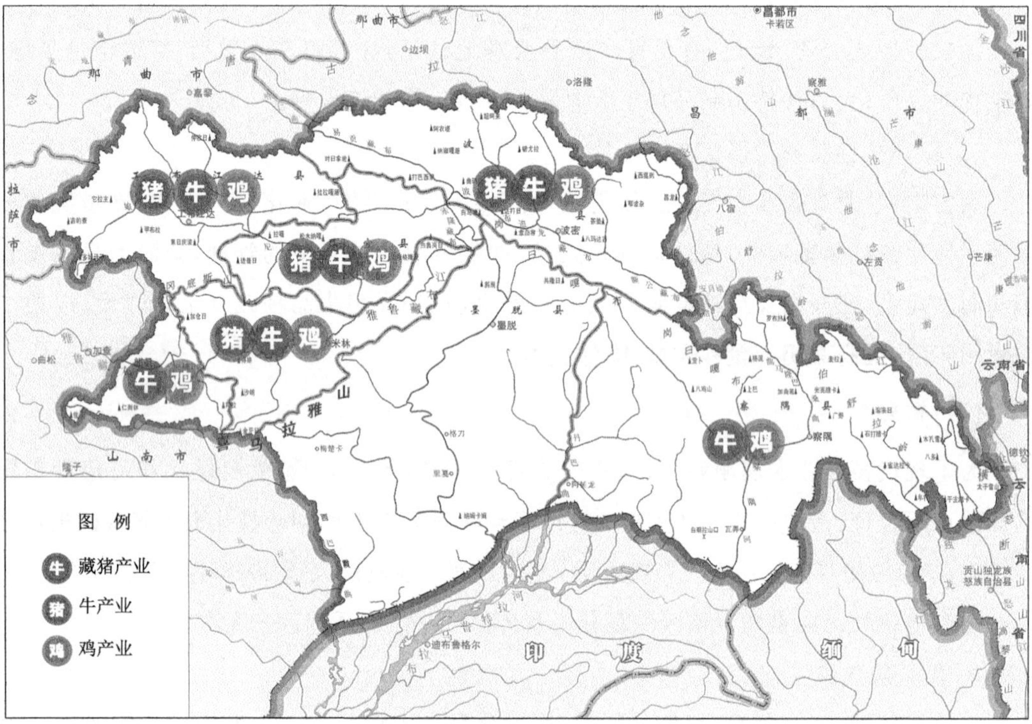

图 5-2　畜牧产业总体布局

(五)重点项目

1. 藏猪养殖基地

藏猪产业重点“围绕藏香猪种质资源保护、良种繁育、规模生产、产品加工、市场销售等环节”，按照“区域布局合理、产业体系完整、科技支撑有力、政策措施配套”的原则，高质量、高标准、分批建设藏香猪产业发展项目，确保各项优惠政策和项目资金的效益得到充分发挥((彩)图 5-3)。

(1)藏猪保种区建设项目

建设内容：建设藏猪原种资源场和扩繁基地，开展藏猪品种选育主要包括藏猪核心育种场、藏猪繁殖场、人工授精中心及冻精站，肉猪标准化养殖基地，猪肉产品加工和销售体系，动物防疫体系，科技服务支撑体系，以及养猪专合组织的建设。

建设地点与规模：工布江达县改扩建原种保护场 1 个（国家级），西藏农牧学院各建设原种保护场 1 个。

（2）藏猪纯种扩繁场建设项目

建设内容：建适度规模的藏猪母猪饲养场（户），按照统一设计方案建设或对原圈舍进行改造，配备高床、仔猪保育栏等关键设备，采用新的工艺流程生产，所产仔猪全部提供作肉猪苗。

建设地点与规模：在工布江达、米林、波密县、巴宜区建设良种扩繁场 4 个，配套基础设施及附属设施建设。

（3）藏猪适度规模养殖基地

建设内容：建设藏猪适度标准化养殖基地，发展标准化养殖场（户）。将完全放养的模式逐步改变成圈养和半圈养模式，以减轻生态压力。基地要求统一圈舍改造、统一品种、统一饲料及饲养技术、统一防疫、统一无害化处理粪污，使产品达绿色标准，为市场提供优质、安全的猪肉。

建设地点与规模：在工布江达县、米林县、波密县、巴宜区建设藏猪适度规模养殖基地，配套建设基础设施和设备购置，2020 年末藏猪养殖规模达到 100 万头。

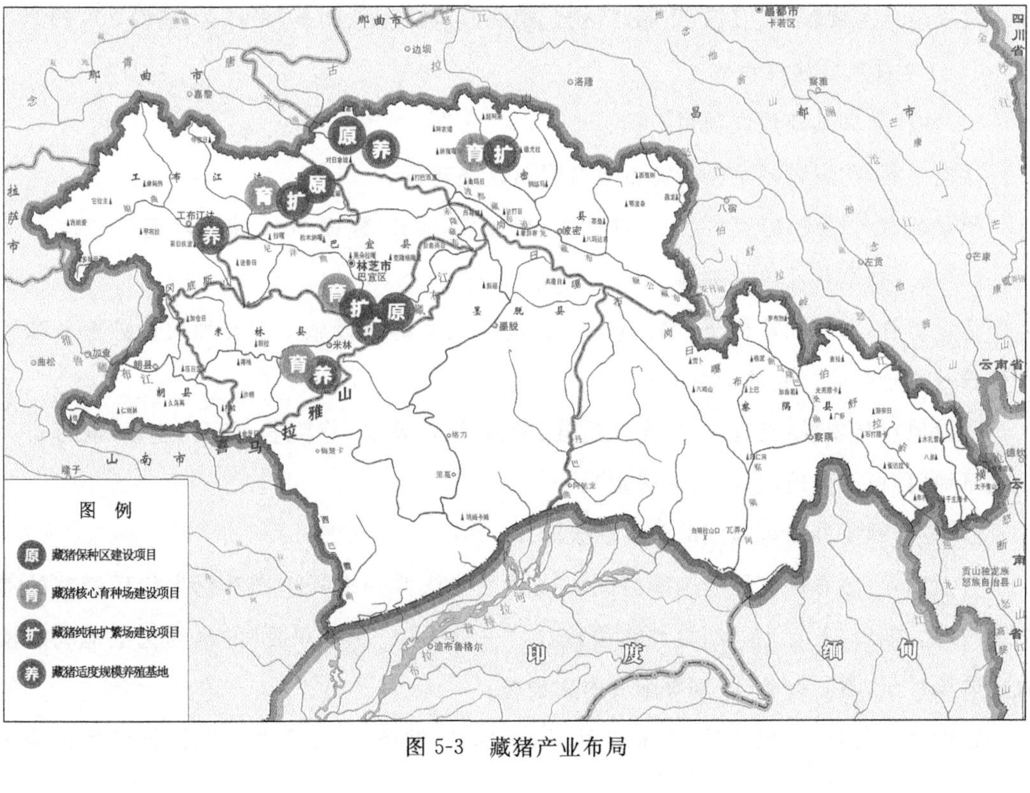

图 5-3　藏猪产业布局

2. 奶牛养殖基地

优质奶牛品种逐步以黑白花奶牛、娟珊奶牛为主,逐渐替代目前当地的黄牛,向精优方向发展。

(1)优质高产奶牛养殖繁育与示范项目

建设内容:标准化奶牛舍、挤奶厅、运动场、饲料地、青贮窖、草棚、贮粪场、兽医室、库房以及水、电、路、防疫等配套设施建设;粪便干湿分离、粪污处理设施建设,购置配套设备。标准化养殖小区采取圈养与放养相结合的方式。

建设地点与规模:巴宜区、工布江达县、米林县、波密县、察隅县、朗县,建设年存栏 500 头的奶牛标准化养殖小区 20 个。在工布江达县建设 1000 头优质种牛驯养基地,在其他区县进行整村推广,年平均推广 500 头。

(2)扶持散户养殖娟珊牛

建设内容:发展农户养殖扶持散户养殖娟珊牛,提供免费技术指导、统一修建青贮池,并提供奶牛购置补贴,牛舍及围墙由农户自筹资金建设。在各养殖集中区建立奶站,分散养殖与集中收奶结合,收购后的鲜奶由奶站集中送往奶制品加工厂进行加工,严格规范各环节操作标准,以确保产品质量安全。推广先进、健康、生态养殖技术,转变生产经营方式,促进农户养殖向着专业化、标准化、产业化方向健康、稳步发展。

建设地点与规模:巴宜区、工布江达县、察隅县、波密县、朗县、米林县,建设 300 户。

3. 饲草料基地建设项目

(1)草籽繁育基地建设项目

建设内容:购置种植草籽所需设备及附属设施建设。

建设地点与规模:巴宜区、工布江达县、米林县、朗县,建设 3000 亩草籽繁育基地。

(2)人工饲草基地建设项目

建设内容:购置饲草种子,灌溉设备、收割等配套附属设施。主要种植青贮玉米和紫花苜蓿等适合高原气候的饲草品种。

建设地点与规模:巴宜区、工布江达县、米林县、波密县、察隅县、朗县,建设 20 万亩人工饲草地(种植在草地上,不占用耕地)。

(3)冬青稞复种箭筈豌豆的粮草双收模式

建设内容:冬青稞复种箭筈豌豆是解决林芝藏族群众青稞生产和奶牛优质饲草的潜力型技术。推广“冬青 18 号”复种箭筈豌豆,“一地多用、一季双收”的集约化土地利用模式。购置种子,灌溉设备、收割等配套附属设施。

建设地点与规模:巴宜区、工布江达县、米林县、波密县、察隅县、朗县,推广冬青稞复种箭筈豌豆的粮草双收模式 10 万亩。

4. 颗粒饲料加工厂项目

建设内容：建设加工厂房，包括生产车间、仓储、管理用房。引进全自动智能化颗粒饲料生产设备生产线，包括饲料配置计算机控制系统。

建设地点与规模：巴宜区，年加工颗粒饲料 50 万 t。

（六）投资估算总额

项目总投资估算为 10.7 亿元，2018—2020 年近期投资 4.825 亿元，2021—2025 年中期投资 5.875 亿元（表 5-7）。项目需要多渠道筹资，其中国家投资 4 亿元，企业和社会资本自筹 5 亿元，农牧民投资 1.7 亿元。

表 5-7　现代畜牧业投资估算　单位：万元

项目名称	2018—2020 年				2021—2025 年					
	2018	2019	2020	小计	2021	2022	2023	2024	2025	小计
藏猪养殖基地	7500	10000	10000	27500	7000	6500	6500	6500	6000	32500
藏猪保种区建设项目	1000	1000	1000	3000	1000	500	500	500	500	3000
藏猪纯种扩繁场建设项目	1500	3000	3000	7500	1000	1000	1000	1000	500	4500
藏猪适度规模养殖基地建设项目	5000	6000	6000	17000	5000	5000	5000	5000	5000	25000
奶牛养殖基地	2750	2750	3250	8750	3250	3250	3250	3250	3250	16250
优质高产奶牛养殖繁育与示范项目	2000	2000	2500	6500	2500	2500	2500	2500	2500	12500
扶持散户养殖娟珊牛	750	750	750	2250	750	750	750	750	750	3750
饲草料基地建设项目	2000	2000	2000	6000	2000	2000	2000	2000	2000	10000
草籽繁育基地建设项目	500	500	500	1500	500	500	500	500	500	2500
人工饲草基地建设项目	1000	1000	1000	3000	1000	1000	1000	1000	1000	5000
冬青稞复种箭筈豌豆的粮草双收模式	500	500	500	1500	500	500	500	500	500	2500
颗粒饲料加工厂项目	2000	2000	2000	6000						
合计	14250	14250	14750	48250	12250	11750	11750	11750	11250	58750

（七）投资效益估算

规划到 2020 年完成近期目标，预计经济效益为 9.24 亿元，到 2025 年完成总目标，预计经济效益为 29.90 亿元。具体项目经济效益概算见表 5-8。

表 5-8　现代畜牧业效益估算　单位：亿元

项目名称	2020 年	2025 年
藏猪养殖基地	5.62	12.12
奶牛养殖基地	1.98	4.98
饲草料基地建设项目	0.50	11.00
颗粒饲料加工厂项目	1.14	1.80
合计	9.24	29.90

(八)进度安排

进度安排见表 5-9。

表 5-9　现代畜牧业进度安排

项目名称	2017—2020 年			2021—2025 年				
	2018	2019	2020	2021	2022	2023	2024	2025
藏猪保种区建设项目	○	○	○	○	○	○	○	○
藏猪核心育种场建设项目	○	○	○	○	○	○	○	○
藏猪纯种扩繁场建设项目	○	○	○	○	○	○	○	○
藏猪适度规模养殖基地建设项目	○	○	○	○	○	○	○	○
优质高产奶牛养殖繁育与示范项目	○	○	○	○	○	○	○	○
草籽繁育基地建设项目	○	○	○	○	○	○	○	○
人工饲草基地建设项目	○	○	○	○	○	○	○	○
冬青稞复种箭筈豌豆的粮草双收模式	○	○	○	○	○	○	○	○
颗粒饲料加工厂项目		○	○	○				

注:表中○代表项目工程起止时间与建设期限。

第三节　茶产业

(一)现状与问题

1. 现状

茶是藏族人民的生活必需品,茶在西藏的消费量非常之大。过去西藏的茶叶均来自区外,“茶马古道”就是主要运输茶叶而得名。现在西藏自产的茶叶均来自林芝,林芝茶叶种植是从 20 世纪 60 年代开始,种植地点为易贡茶场。林芝种植茶叶的主要有易贡茶场和墨脱县。

林芝市有茶叶种植面积 1.4 万亩,其中,易贡茶场 0.56 万亩、墨脱县 0.73 万亩、波密县易贡乡 0.11 万亩。2017 年林芝市茶叶总产量约为 45.7 t,其中,易贡茶场 40 t、墨脱县 5.7 t。林芝市茶叶种类比较齐全,有绿茶、砖茶和红茶。已形成的品牌有易贡茶场的“雪域红”和墨脱县的“墨脱红茶”(墨脱红茶 2016 年获得“中国好茶”银奖)。

林芝市发展茶叶产业的区域有限,易贡茶场、墨脱县和波密县的易贡乡、古乡、巴宜区鲁朗镇拉月村、察隅县上下察隅镇和察隅农场为适宜发展茶叶产业的区域。

2. 存在的问题

林芝茶叶产业几十年来在各方的共同努力下取得了巨大的成绩,但也存在许多问题,具体如下：

(1)种植面积小

2017 年西藏自治区人口超过 300 万人，以每人年消费 1.5 kg 茶叶计算，每年西藏就需要茶叶 500 万 kg 以上，以盛产期茶叶亩产量 100 kg 计算，需要茶园面积至少 5 万亩。考虑到茶叶栽培技术、气候与土壤等因素，实际产量能达到亩产 50 kg 就相当不错(易贡茶场的茶叶产量约为亩产 20 kg)，实际茶园面积至少需要 10 万亩。

(2)生产技术相对落后

一是种植技术比较落后，由于茶叶种植人员绝大多数为年龄较大的当地藏族群众，而这些藏族群众的科技文化水平均比较低，接受教育的程度低，掌握茶叶科学生产的难度较大，加上过去对于茶农的职业技术培训比较薄弱，所以导致整个林芝茶产业的生产技术相对比较落后；二是加工技术与加工装备比较落后，加工出名牌茶叶的能力不足，基本没有加工茶叶的生产设备或生产设备不完善。

(3)营销手段落后，知名品牌缺乏

受传统的生活、生产观念影响，农牧民商品意识淡薄，缺乏市场经济观念，茶叶产品流通转化渠道有限。以信息化、电子商务和网络技术为特征的现代商贸物流体系尚未形成。目前还缺乏市场上著名的林芝茶叶品牌，已有的品牌由于没有在各种媒体上大力宣传，缺乏知名度。

(二)产业定位与发展目标

1. 产业定位

林芝市处在西藏的东南，有“西藏江南”的美誉，具有洁净水、土、气等特色，特别适合生产绿色有机的农产品，因此林芝产业的定位就是生产绿色有机茶叶，在绿茶与红茶的生产上就是要生产绿色有机的中高档产业，占领绿茶的中高端市场。在砖茶生产上也要强调绿色有机的特性。

2. 发展目标

到 2020 年茶叶种植面积达到 10.0 万亩，茶叶产量达到 50 万 kg(500 t)，其中绿色有机的中高档茶叶 3.5 万 kg，产值达到 1.0 亿元(表 5-10)。

到 2025 年茶叶种植面积保持 10.0 万亩，茶叶产量达到 250 万 kg (2500 t)，其中绿色有机的中高档茶叶 10 万 kg，产值达到 5.0 亿元。引进中高档茶叶生产线 9 条，其中易贡茶场、墨脱县、察隅县各 3 条。引进砖茶生产线 3 条，易贡茶场、墨脱县和察隅县各 1 条，年加工中高档茶叶 160 t、砖茶 1500 t。

最终的目标就是使西藏农牧民能喝上自己生产的用于酥油茶的砖茶和用于甜茶的红

茶，并且满足 60%以上的需求。

表 5-10 茶产业发展目标

发展指标	基期(年)	2018—2020 年			2021—2025 年				
	2017	2018	2019	2020	2021	2022	2023	2024	2025
种植面积(万亩)	1.4056	4.6	7.6	10.0	10.0	10.0	10.0	10.0	10.0
产量(t)	45.7	100	300	500	800	1200	1500	2000	2500
产值(亿元)	0.1	0.2	0.6	1.0	1.6	2.4	3.0	4.0	5.0

注：2020 年茶种植面积达到 10.0 万亩，至 2025 年巩固 10.0 万亩，不再增加新的种植面积。因此，表中种植面积从 2020 年开始，一直维持在 10.0 万亩。

(三)主攻方向与建设路径

1. 坚持绿色有机

一是严格管控茶叶生产的环境，禁止茶园周边建设工矿企业，特别禁止污染工矿业，保持茶叶生产的土壤、水源、大气的洁净，禁止茶园套种高秆粮食作物或果树；二是严格化肥农药的使用，绿色茶叶生产上要使用低污染、低残留的化肥，而且要严格规定化肥使用量，有机茶叶尽量不使用化肥，绿色茶叶必须使用低毒、低残留、易降解的农药，有机茶叶禁止使用化学农药，有机茶叶的病虫害防治采用生物防治和物理防治的办法。

2. 坚持科学生产

将现代的生物技术应用到茶叶的品种引进、茶叶育苗与栽植。在茶叶生产的开垦、定植、修剪、施肥、除草、病虫害防治等环节要应用当前产业生产的适用科学技术。严格按照科学的方法、按照茶叶加工的要求进行茶叶的科学采摘。将现代的工业技术应用到茶叶的加工上，当然也要发扬光大传统的加工工艺，以保持某些特色的茶产品。

3. 加强宣传，树立品牌形象

品牌作为一种无形资产，在市场竞争中的作用日益凸显，已经成为增强农业经济持续发展的原动力，打造和培育精品品牌，不断提高市场占有率是实现农产品销售增值的有效途径之一。林芝市茶产业自己的品牌还不多，市场影响力还不够，各级政府要通过各种方式和渠道，加强对林果产品的宣传力度，扩大影响，最终形成驰名品牌。

利用电商平台、各种农产品展销平台等多种渠道建造多种茶产业的营销手段。以打造雪域高原纯生态茶产品为主旨，以追求效益平衡为目的，运用利益调节机制，按照茶场托市场、市场牵龙头、龙头带农户、资源整合的方式，优化组合各种生产要素，对区域内的茶产业实行专业化生产、一体化经营、社会化服务和企业化管理。

4. 制定优惠政策,促进茶产业基地建设

林芝市的一些地区土壤环境和气候条件十分有利于茶产业的发展,茶产业发展也符合林芝市农业发展方向。各级相关的政府部门应该根据本县区茶产业的发展条件,制定相应的优惠政策,引导农民大力增加种植面积和提高单产水平,促进茶叶基地建设;积极扶持茶叶加工企业和茶产业协会的发展,通过企业对基地、对农户的辐射带动作用,进一步提高茶产业经营规模化、集约化水平,推进林芝市茶产业经营一体化,使茶产业发展切实给当地农牧区带来可观的经济效益,实现强市富民的目标。

5. 充分发挥农旅结合的功能

在靠近旅游线路和景区附近的茶园打造生态旅游茶园,将茶叶生产与观光旅游结合起来。打造世界高海拔茶园生态旅游观光带,形成西藏的一个独特的风景点,通过旅游,可以将茶叶作为旅游产品,推广到全世界,大大提高林芝茶叶的知名度。

6. 加大投资力度,拓宽投资来源

茶产业老茶园改造工程、新茶园的标准化基地建设需要大量的资金。资金数量直接决定着基地建设的进度和质量。因此,政府要加大对基地建设的投资力度,保证资金在需要的时候及时投入。如果国家、当地政府能够聚集的资金有限而不能满足基地建设需要,可以考虑招商引资,通过各部门多方筹集,解决发展资金不足的问题。

7. 加强对茶产业的农技人员与茶农的技术培训

由于林芝茶叶产业要大发展,新的产区将大量出现,新产区的农技人员与茶农从未接触过茶叶生产,加之林芝茶叶产区农牧民的文化程度较低,所以急需对他们进行技术培训。

(四)布局与重点项目

1. 茶产业布局

易贡茶场、墨脱县和波密县的易贡乡、古乡,察隅县下察隅镇和察隅农场为茶产业的生产区;易贡茶场(含波密)、墨脱县和察隅县为茶产业的加工区((彩)图 5-4)。到 2020 年,全市茶叶种植面积达到 10 万亩,到 2021—2025 年全市茶叶种植面积继续保持 10 万亩。

2. 重点建设项目

(1)茶叶种植建设工程

项目地点:易贡茶场、墨脱县和波密县的易贡乡、古乡,巴宜区的鲁朗镇拉月村、察隅县下察隅镇和察隅农场。

建设面积:到 2020 年茶园种植面积为 10 万亩,新增茶园面积 8.5944 万亩。

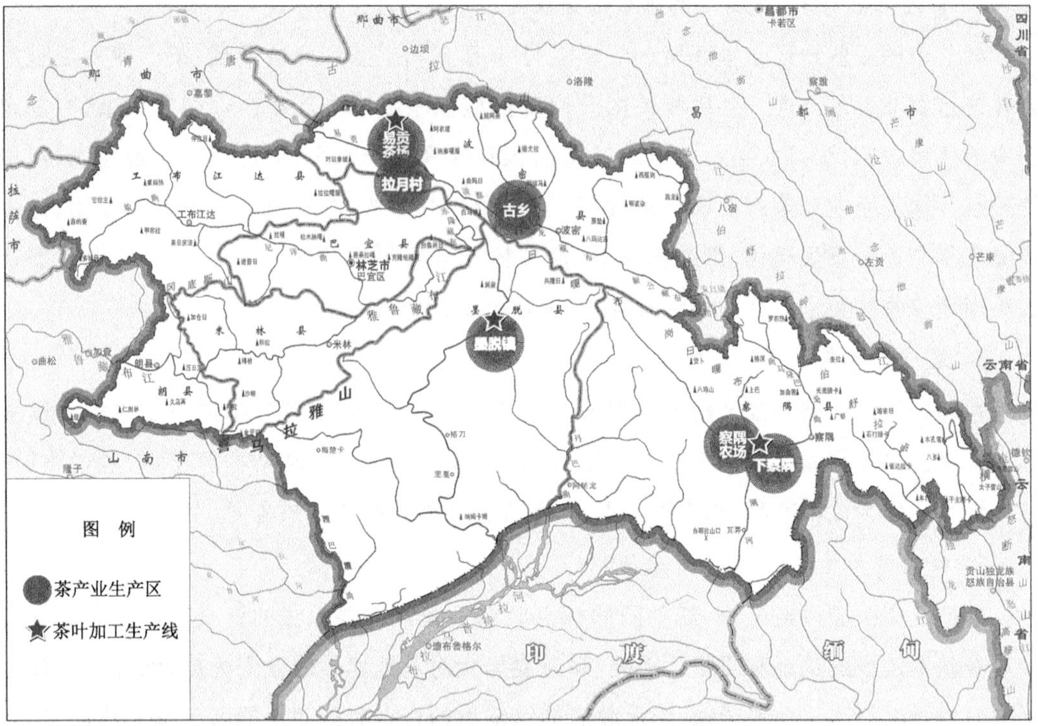

图 5-4 林芝高原特色茶产业布局

建设内容:选择良种栽植,对土壤进行改良,水、路等基础设施建设到位,在荒坡上进行茶园建设时一定要进行等高梯田作业,尽力做好水土保护措施。维护优良的生态环境,采用科学的种植模式,统一规划、统一品种、统一种植标准、统一种植时间。科学设计建设方案,制定茶叶优质高产配套栽培技术方案,示范茶园的建设与管理。进行绿色食品茶叶或有机茶认证。采用先进的无性系良种茶苗,以达到快速成园目的。

投资预算:以每亩新开垦的茶园需人民币 2 万元计算,到 2020 年共计需要投资 17.1888 亿元。

(2)茶叶加工建设工程

项目地点:易贡茶场(含波密)、墨脱县和察隅县

加工能力:年加工中高档细茶 180 t,砖茶 1500 t。

建设内容:易贡茶场(含波密)、墨脱县和察隅县各引进小型中高档细茶生产线 3 条,分别生产扁形茶、卷曲形茶和毛峰形茶,每条生产线年生产茶叶 20 t,各建设加工厂房 2000 m^2。易贡茶场、墨脱县和察隅县各引进大型砖茶生产线 1 条,每条生产线的加工能力为 500 t,各建设加工厂房 2000 m^2。

投资概算:中高档细茶加工厂房建设 1800 万元,9 条小型生产线 1800 万元,共计 3600

万元。砖茶加工厂房建设 1800 万元，3 条大型生产线 3000 万元，共计 4800 万元。两项合计投入 8400 万元。

(3)茶叶品牌建设工程

项目地点：市农牧局牵头，各产地参与。

建设内容：建设林芝市茶叶品牌建设项目，推进西藏林芝茶品牌文化，申请有机产品认证。

投资概算：600 万元。

(4)茶叶良种繁育及推广基地建设

项目地点：易贡茶场母本园 60 亩，繁育圃 90 亩；墨脱镇母本园 20 亩，繁育圃 30 亩；察隅县下察隅镇母本园 20 亩，繁育圃 30 亩。

建设内容：一般选择 15°以下坡耕地，按照有利于水土保持要求，建成等高水平梯田，如果选择 15°坡度以上荒山就要进行等高梯田作业。要进行土地平整改良、田间道路、排灌渠、蓄水池、蓄粪池、围栏等田间工程建设。引进良种种苗进行繁育，达到茶园的良种化。

投资概算：苗圃建设 1000 万元，良种繁育推广 3000 万元，共计 4000 万元。

(5)培训工程

项目地点：易贡茶场、墨脱县、波密县、察隅县。

培训人次：每年培训 2 次，培训技术人员 40 人次，培训茶农 800 人次。

培训内容：技术人员培训内容有：从育苗到采收的茶叶生产技术、田间管理技术、病虫害防治技术，绿色有机茶的生产技术，茶叶加工的基本技术。茶农的培训技术有：从育苗到采收的茶叶生产技术、田间管理技术、病虫害防治技术。

投资概算：以技术人员培训每年 20 万元，茶农培训每年 40 万元，每年需 60 万元，从 2018 年起开始培训到 2020 年结束，共培训 3 年，共计 180 万元。

(五)投资估算与效益分析

1. 投资估算

茶产业总投资 18.5068 亿元，包括茶叶种植建设工程 17.1888 亿元，茶叶加工建设工程 8400 万元，茶叶品牌建设工程 600 万元，茶叶良种繁育及推广基地建设 4000 万元，培训工程 180 万元。其中，2018—2020 年投资 17.6668 亿元，2021—2025 年投资 18.5068 亿元(表 5-11)。

2. 效益分析

(1)经济效益

以茶叶盛产期每亩产量 50 kg 计算，其中高中档茶 12.5 kg，产值 25000 元，砖茶

37.5 kg，产值 11250 元，两项合计 36250 元，每亩各项投入成本为 25000 元，每年每亩效益为 11250 元，10 万亩茶园盛产期效益为每年 11.25 亿元（表 5-12）。

表 5-11　茶产业投资概算　　单位：万元

项目名称	2018—2020 年				2021—2025 年					
	2018	2019	2020	小计	2021	2022	2023	2024	2025	小计
茶叶种植建设工程	63888	60000	48000	171888						
茶叶加工建设工程	0	0	0	0	1800	6600				8400
茶叶品牌建设工程	200	200	200	600						
茶叶良种繁育及推广基地建设	1000	1000	2000	4000						
培训工程	60	60	60	180						
合计	65148	61260	50260	176668	1800	6600				8400

表 5-12　茶产业效益估算

项目名称	规模（万亩）	2020 年（万元）	2025 年（万元）
茶叶种植建设工程	99750	5000	10000
茶叶加工建设工程			
茶叶品牌建设工程			
茶叶良种繁育及推广基地建设	250	500	1250
培训工程			
合计	100000	5500	11250

注：茶叶加工建设工程中年加工高档细茶 180 t，砖茶 1500 t，2025 年效益为 11250 万元。

（2）社会效益与生态效益

每 4 亩茶园可以解决 1 个劳动力就业，10 万亩茶园可以解决 2.5 万人就业。茶园的开垦对生态破坏较小，加以注意的话，可以将影响降到最低。

茶产业项目进度安排和资金来源筹措见表 5-13 和表 5-14。

表 5-13　茶产业项目进度安排

项目名称	基期（年）	2018—2020 年			2021—2025 年				
	2017	2018	2019	2020	2021	2022	2023	2024	2025
茶叶种植建设工程		○	○	○					
茶叶加工建设工程					○	○			
茶叶品牌建设工程		○	○	○					
茶叶良种繁育及推广基地建设		○	○	○					
培训工程		○	○	○					

注：表中○代表项目工程起止时间与建设期限。

表 5-14　茶业项目资金来源筹措

重点项目	投资总额（万元）	国家财政投资（万元）	地县配套（万元）	企业自筹/社会资本（万元）
茶叶种植建设工程	171888	71888	20000	80000
茶叶加工建设工程	8400	2000	400	6000
茶叶品牌建设工程	600	300	100	200
茶叶良种繁育及推广基地建设	4000	2000	500	1500
培训工程	180	80	20	80

第四节　蔬菜产业

(一)现状与问题

1. 产业现状

据统计 2017 年林芝全市有蔬菜面积达到 3.07 万亩，其中，设施蔬菜 1.09 万亩，产量 5.5 万 t，产值 16500 万元；蔬菜品种增加、种植规模扩大，蔬菜市场供不应求不断改善；“买菜难、蔬菜贵”的局面得到缓解。

(1)特色基地形成，产业化初见成效

现已建成巴宜区八一镇大棚蔬菜生产基地、米林县米林镇无公害蔬菜瓜果生产基地和朗县洞嘎辣椒生产基地等特色蔬菜生产基地。专业化和组织化程度不断提高。

(2)种植模式多元化，栽培水平不断提升

设施蔬菜种植模式主要有两种：专业菜农从事设施规模化栽培的多集中在巴宜区、米林县；家庭式小型分散温室大棚种植，主要分布在工布江达、察隅等县。

2. 主要问题

耕地资源不足，基础设施简陋。由于社会经济的快速发展，大量基础设施建设征占土地导致林芝(主要是巴宜区)耕地大量缩减，限制了蔬菜基地发展。

科技支撑不足，新技术推广滞后。由于受各种因素等影响，专业技术人才队伍建设缓慢。

组织化程度低，社会化服务体系建设滞后。龙头企业及农牧民蔬菜专业合作组织不健全。

(二)产业定位与发展目标

1. 产业定位

为了满足快速增长的社会需要，精心策划、落实到位、撸起袖子大干，应把蔬菜产业搞上去，把产量效益拿回来，把林芝打造成为西藏区域内产业化程度高、技术水平精、高产高效、农牧民快速脱贫致富的先进样板。

建设以城郊型蔬菜生产与供应为主的产销体系，增加面积、提高单产，增加总量，缓解淡季蔬菜供应缺口，改善民生为重点，全年主要品种基本实现自给；增加投入，在建设高标准现代化蔬菜生产基地的同时，大力发展设施蔬菜，增加花色品种，优化品种结构，丰富"菜篮子"商品，发展"三品一标"蔬菜安全认证，打造蔬菜品牌，增加市场竞争力；要注重引进蔬菜专业人才，培育技术精良的蔬菜专业技术团队。

2. 发展思路

建设高标准国家级林芝蔬菜科技示范园，以其为样板和技术孵化与展示推广平台，带动绿色精品蔬菜产业区、无公害标准化蔬菜基地的发展，为其提供技术、管理、产品销售、人才培育的支撑，互相促进协同发展；稳定露地蔬菜规模，引进名优蔬菜品种，扩大设施蔬菜面积；在保障供给的前提下，减少普通大路蔬菜，增加地标特色品种；引进加工企业，培育新型农业经营主体，建设冷链储运系统，打造品牌，发展物联网＋物流销售平台；与旅游观光产业有机联动协调发展。

3. 发展目标

蔬菜产业发展以"一园三区三基地"建设为主线，到 2020 年，规划投资 8.22 亿元，林芝优质高效现代化蔬菜基地初步建成。蔬菜种植面积达到 3.5 万亩，优质安全蔬菜总产量达到 11.1 万 t，其中，设施蔬菜产量达到 5 万 t 以上；实现林芝淡季蔬菜自给率达到 60%以上、旺季达到 80%以上，"三品一标"产品达标率到达 70%以上，初步实现蔬菜产业发展的现代化。

到 2025 年，"十四五"末期，继续投资 4.42 亿元，全市蔬菜种植面积发展到 3.8 万亩，设施蔬菜面积占 1/3 以上，蔬菜总产量达到 12.1 万 t，其中设施蔬菜产量达到 6 万 t 以上，产值达到 3.3 亿元以上，蔬菜自给率达到 85%以上(表 5-15)。

表 5-15　蔬菜产业发展目标

发展指标	基期(年)	2018—2020 年			2021—2025 年				
	2017	2018	2019	2020	2021	2022	2023	2024	2025
种植面积(万亩)	3.07	3.3	3.4	3.5	3.6	3.7	3.8	3.8	3.8
产量(万 t)	5.5	7.4	9.2	11.1	11.3	11.5	11.7	11.9	12.1
产值(万元)	16500	21200	25970	30700	31200	31700	32300	32800	33330

注：1. 基期数据来源于林芝市统计局。

2. 2023 年蔬菜种植面积发展到 3.8 万亩，至 2025 年维持不变。

(三)主攻方向与建设路径

1. 加快蔬菜高标准菜田建设

领导重视，强化政府在蔬菜产业发展中的主导作用，积极推进“一园三区四基地”蔬菜产业现代化建设。科学规划、合理布局、产业联动、协同发展。以加速推进“林芝国家级蔬菜科技示范园”建设为重点，总结经验，拓展思路，大力推进波密、米林、工布江达县3个以商品菜为主的“绿色精品蔬菜生产区”建设和朗县、察隅及墨脱3个“无公害标准化蔬菜生产基地”建设。

2. 加强蔬菜科技研发与成果推广应用

引进蔬菜良种，促进品种更新换代；建设现代集约化蔬菜种苗中心；试验总结、大量推广适于林芝地区应用的高产高效栽培新技术、新模式、新成果，促进产业发展；实现机械化、半机械化；建设安全可行的病虫害测报与综合防治体系；通过分级加工包装，实现农产品向高端商品的转变；逐步建立起林芝特色的高原蔬菜产业优质产品生产技术支撑体系。

3. 培育健全市县乡蔬菜产业科技人才体系

建设一支热心蔬菜产业、技术精良、负责任敢担当的蔬菜科技队伍。

4. 引进扶持龙头企业及壮大农牧民蔬菜专业和组织

蔬菜产业发展、产业化基地建设、加工包装增值及物流平台销售网络建设，都与相关工业企业的支撑和协调发展紧密相关；重点引进扶持一批规模大、示范带动能力强的龙头企业，发挥其资金、组织管理和技术支撑优势，推动产业发展和升级；推进“公司＋合作社＋农户”等新型产业化经济运行模式。

5. 推行绿色有机农产品生产，确保蔬菜产品安全质量

发展循环农业，严格控制面源污染，推进“三品一标”安全蔬菜基地建设。

(四)布局与重点项目

蔬菜产业空间布局形成“一园三区三基地”，即“133蔬菜工程”((彩)图5-5)：

“一园”：在“一核”区域内建设“林芝国家级现代蔬菜科技示范园”。

“三区”：在“一轴”区域，沿108国道，在波密县、米林县及工布江达县建设3个现代绿色精品蔬菜产业区。

“三基地”：建设朗县、察隅县及墨脱县3个标准化绿色蔬菜生产基地。

1. 林芝国家级现代蔬菜科技园建设

建设目标：旨在使其成为蔬菜新技术研发、交流平台；科技成果示范展示与辐射推广基地；现代农产品加工、物流基地；为林芝农业现代化建设和高端市场开发提供样板和设

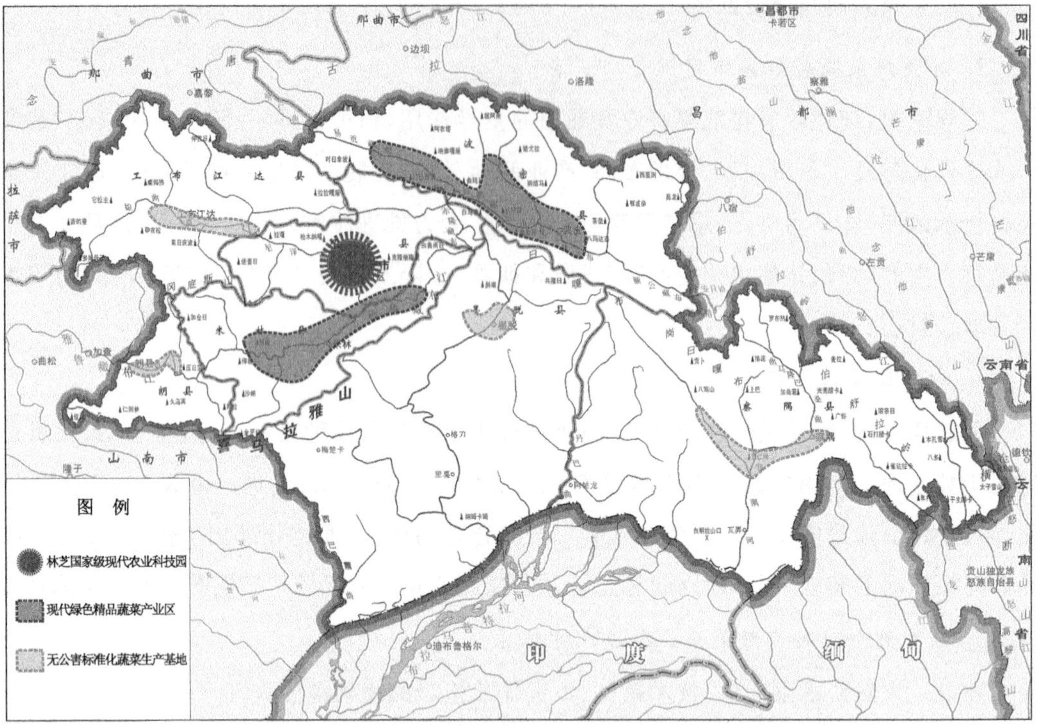

图 5-5 林芝精品蔬菜产业布局

施装备及专业技术支撑。

建设规模：占地 10000 亩；其中：蔬菜保护设施 4000 亩；露地标准化蔬菜田 4000 亩；冷藏库常温库与物流中心、科技培训基地、办公食宿、车库、绿化道路等，合计占地 2000 亩。

重点建设内容：优良蔬菜新品种的引进与评比鉴定及示范推广；蔬菜工厂化、集约化育苗中心建设；智能温室、节能日光温室及标准化热镀锌组装式钢架大棚生产区建设；露地蔬菜现代标准化蔬菜生产技术的组装与集成；引进试验在设施顶部建设光伏太阳能聚热发电项目。

建设布局：在巴宜区沿 318 国道交通便捷的八一镇、百巴镇、林芝镇、布久镇、米瑞镇及鲁朗镇等区域选址建设。

重点工程建设内容与投资估算：蔬菜国内外新品种引进试验示范，现代工厂化、集约化育苗中心；现代智能连栋温室、节能日光温室、热镀锌组装式钢架大棚；标准化菜田建设，规模 10000 亩；蔬菜园艺农业机械化示范中心、蔬菜速冷车间、常温保鲜库、冷库及分级加工包装厂建设；农牧民文化科技培训中心；配方施肥与“水肥一体化”建设；农产品安全质量与土壤检验检测中心建设等。总计投资：4.93 亿元；2025 年产量达到 3.3 万 t，产值达到 0.96 亿元。

2. 绿色精品蔬菜产业区建设

至2025年，进藏来的旅游观光客人将增至1000万人次，需要各种蔬菜总量将达到10万t，为填平蔬菜供应缺口，保障菜篮子有效供应，同时，为农牧民脱贫致富做出贡献，林芝市规划建设米林县、波密县及工布江达县3个绿色精品蔬菜产业区。

(1)波密县绿色精品蔬菜产业区建设

建设目标：面向区域内、区域外两个市场，以商品菜生产为主。大力发展高产高效设施蔬菜生产，实现大规模、标准化、产业化；同时，提高单位面积的产出率，大幅度增加农牧民收入。

建设规模：建设面积为5500亩，其中，设施面积为2000亩；露地蔬菜面积为3500亩。

建设内容：建设中型蔬菜工厂化育苗中心；建设蔬菜采后速冷、加工分级、包装冷藏厂、保鲜库及冷链储运系统；建设农牧民文化科技培训中心等。建设布局：在该县辖区内的易贡乡、扎木镇、古乡镇、玉许乡等选址建设。

重点工程建设内容及投资估算：土地整理，培肥地力，熟化土壤，进行园田化建设项目；现代工厂化、集约化育苗中心建设项目；现代智能连栋温室与节能日光温室、大棚等建设；配方施肥与“水肥一体化”项目；蔬菜加工厂及物流中心建设等。总计投资：2.4亿元。至2025年产量达到1.78万t；产值达到0.51亿元。

(2)米林县绿色精品蔬菜产业区

建设布局：以高档商品蔬菜生产为主，生产绿色精品蔬菜，开拓中高端蔬菜市场，适应观光旅游产业的发展：在该县辖区内的米林镇、派镇、扎绕乡、羌纳乡或南伊乡布局建设。

建设目标、建设规模、建设内容、重点建设工程、效益分析等参照上述“波密县绿色精品蔬菜产业区建设”。

(3)工布江达县绿色精品蔬菜产业区

建设目标：以高档蔬菜生产为主，保障旅游观光产业发展的需要；开拓市场、打造知名品牌，提高综合效益，脱贫致富，增加农牧民收入。

建设规模：至2025年发展到5000亩，其中，设施蔬菜面积1000亩。

建设内容：建设总面积5000亩蔬菜标准化、产业化基地；其中，设施蔬菜面积1000亩，露地蔬菜面积4000亩；配方施肥及“水肥一体化”实施面积2000亩以上；蔬菜、食用菌病虫害综合防控体系建设；西甜瓜、草莓新品种引进评比鉴定；高产高效新技术推广。

建设布局：在318国道沿线的工布江达、巴河、朱拉乡等乡镇布局，建设绿色精品蔬菜产业区。

重点工程建设内容及投资概算：土地整理，培肥地力，高标准蔬菜基地建设工程；建设蔬菜设施1000亩，配方施肥与“水肥一体化”设施设备建设；蔬菜、西甜瓜育苗中心及食用菌良种保存扩繁中心建设项目；建设蔬菜采后速冷、加工分级、包装冷藏厂、保鲜库及冷链储运系统等。

概算投资：7900 万元；2025 年产量达到 1.52 万 t；产值为 5100 万元。

3. 无公害标准化蔬菜生产基地建设

规划在朗县、察隅和墨脱县建设 3 个无公害标准化蔬菜生产基地。旨在发展特色蔬菜，提升藏民生活水平，保障区域蔬菜有效供给。

(1)朗县无公害标准化蔬菜生产基地建设

建设目标：建设无公害标准化蔬菜生产基地，以自食内销为主，延长有效供应期；建设地方传统辣椒产业化生产基地，延长辣椒产业链条，扩大“朗敦辣椒”的知名度和消费者的认知度，占领高端市场，获取更高的经济效益和社会效益。

建设规模：建设 3800 亩无公害标准化蔬菜生产基地，其中设施栽培 800 亩，露地蔬菜 3000 亩；其中辣椒面积达到 1500 亩，总产量 1 万 t 以上。

建设内容：配方施肥及“水肥一体化”实施面积 1500 亩以上；推广适宜朗县辣椒露地栽培的高产新模式、新技术；试验示范粮/椒间作套种高产、高效栽培模式；蔬菜病虫害综合防控体系建设。

建设布局：该县的特色是辣椒生产，据传朗镇第一辣椒种子是达赖自印度引进，规划拟以辣椒发展为切入点，在洞嘎镇、仲达、朗镇等乡镇建设以辣椒为重点的无公害标准化蔬菜生产基地。

重点工程建设内容及投资估算：土地整理，培肥地力，高标准蔬菜基地建设工程，面积 1500 亩；蔬菜、西甜瓜育苗中心建设；建设蔬菜设施 800 亩，配方施肥与“水肥一体化”设施设备；辣椒精深加工企业改造升级项目等。概算投资：6250 万元；2025 年产量达到 1.16 万 t，产值为 3000 万元。

(2)察隅县无公害标准化蔬菜生产基地

建设目标：以保障县域城镇居民及广大农牧民蔬菜有效供应为主，缩短淡季，增加花色品种，提高“菜篮子”产品数量及质量水平；提高效益，为农牧民脱贫致富提供新途径。

建设规模：在竹瓦根镇、上察隅、下察隅 3 个城郊型蔬菜生产基地、察隅农场及 7 个集镇小型蔬菜生产基地的基础上，适度扩大面积，以露地蔬菜为主，发展设施栽培，重点提高产量和蔬菜品质；至 2025 年达到 5500 亩，其中露地蔬菜 4000 亩，设施蔬菜达到 1500 亩。

建设内容：建设总面积 4000 亩蔬菜产业化生产基地和 1500 亩设施蔬菜生产基地；配方施肥及“水肥一体化”技术与装备面积推广 2000 亩以上；试验示范和推广蔬菜间作套种高产、高效栽培模式 2500 亩。

建设布局:在察隅农场、竹瓦根镇、古玉乡、察瓦龙乡、上察隅、下察隅等沿公路两侧、蔬菜产业发展较好的乡镇布局。

重点工程建设内容及投资估算:中低产田改造建设工程面积 2000 亩;蔬菜、西甜瓜育苗中心建设项目;蔬菜及农产品批发市场改造提升工程;蔬菜设施 1000 亩;配方施肥与“水肥一体化”设施设备 2000 亩等。概算总投资:8700 万元;2025 年产量为 1.72 万 t,产值为 4650 万元。

(3)墨脱县无公害标准化蔬菜生产基地

建设目标:建设以改善城镇居民和广大农牧民蔬菜供应水平为目标,以提高农牧民收入为目的,还要满足观光客人不断增长的需求,将分散个体、传统的种植方式逐步集聚联合,建设无公害标准化蔬菜生产基地,快速增加效益,为农牧民脱贫致富开辟新途径。

建设规模:在 2017 年的基础上至 2020 年露地蔬菜面积达到 2300 亩,设施蔬菜面积达到 200 亩,总计 2500 亩;至 2025 年达到 2700 亩,其中,设施蔬菜面积 500 亩,总产蔬菜 1980t;淡季蔬菜自给率达到 50%以上。

设施内容:建设总面积 2800 亩的无公害标准化蔬菜生产基地;配方施肥及“水肥一体化”技术与装备面积推广 800 亩以上;农产品批发市场进行升级改造,扩大农产品销售渠道,打造蔬菜品牌,扩大墨脱蔬菜声誉,获取高效益。

建设布局:在有一定蔬菜栽培基础的墨脱镇、德兴乡、背崩乡等乡镇布局。

重点工程建设内容及投资估算:土地整理,培肥地力,高标准蔬菜基地建设面积 1000 亩;蔬菜、西甜瓜、食用菌育苗中心建设;新建蔬菜设施 500 亩;配方施肥与“水肥一体化”设施设备 1000 亩。概算总投资:6250 万元;至 2025 年产量达到 8160 t,产值为 1980 万元。

(五)投资估算与效益分析

1. 投资、产量与产值估算

总投资 126400 万元,到 2020 年投资额度为 82180 万元;到 2025 年为 44220 万元;其中:国家投资 50600 万元,占 40%;对口援助投资 50700 万元,占 40%;企业自筹 17700 万元,占 14%;农牧民蔬菜专业合作社投资 7400 万元,占 6%(表 5-16)。

2. 效益分析

(1)经济效益

林芝现代蔬菜产业建设规划至 2020 年投资 8.22 亿元,蔬菜产量达到 11.09 万 t,产值达到 3.07 亿元;至 2025 年,继续投资 4.42 亿元,新增基地 0.3 万亩,总投资 12.64 亿元,蔬菜面积增至 3.8 万亩,产量实现 12.056 万 t,产值达到 3.33 亿元。投资回收期:4 年。

蔬菜产量与产值估算见表 5-17 和表 5-18。

表 5-16 现代蔬菜产业投资估算 单位:万元

项目名称	2018—2020 年				2021—2025 年						
	2018	2019	2020	小计	2021	2022	2023	2024	2025	小计	合计
现代农业高科技示范园	11500	12500	8000	32000	3500	3500	3500	3400	3400	17300	49300
波密绿色精品蔬菜区	5000	5000	5600	15600	1600	1600	1600	1800	1800	8400	24000
米林绿色精品蔬菜区	5000	5000	5600	15600	1600	1600	1600	1800	1800	8400	24000
工布江达绿色精品蔬菜区	1700	1700	1800	5200	550	550	550	550	500	2700	7900
朗县标准化蔬菜基地	1360	1350	1350	4060	440	440	440	440	430	2190	6250
察隅标准化蔬菜基地	1900	1900	1860	5660	610	610	610	610	600	3040	8700
墨脱标准化蔬菜基地	1360	1350	1350	4060	440	440	440	440	430	2190	6250
合计	27820	28800	25560	82180	8740	8740	8740	9040	8960	44220	126400

表 5-17 现代蔬菜产业产量估算

项目名称	规模(亩)	露地(亩)	设施(亩)	2020 年产量(t)	2025 年产量(t)
现代农业高科技示范园	10000	6000	4000	30200	32800
波密绿色精品蔬菜区	5500	3500	2000	16400	17800
米林绿色精品蔬菜区	5500	3500	2000	16400	17800
工布江达绿色精品蔬菜区	5000	4000	1000	13900	15200
朗县标准化蔬菜基地	3800	3000	800	10600	11600
察隅标准化蔬菜基地	5500	4000	1500	15700	17200
墨脱标准化蔬菜基地	2700	2200	500	7500	8160
合计	38000	26200	11800	110900	120560

注:1. 露地蔬菜平均产量按 2.8 t/亩,设施蔬菜按 4.0 t/亩估算产量;

2. 察隅蔬菜基地含察隅农场蔬菜种植面积;

3. 蔬菜总面积 3.8 万亩,其中至 2020 年达到 3.5 万亩,占总面积的 92%,以此估算 2020 年及 2025 年的蔬菜产量。

表 5-18 现代蔬菜产业产值估算

项目名称	规模(亩)	设施面积(亩)	2020 年产值(万元)	2025 年产值(万元)
现代农业高科技示范园	10000	4000	8800	9600
波密绿色精品蔬菜区	5500	2000	4700	5100
米林绿色精品蔬菜区	5500	2000	4700	5100
工布江达绿色精品蔬菜区	5000	1000	3600	3900
朗县标准化蔬菜基地	3800	800	2800	3000
察隅标准化蔬菜基地	5500	1500	4300	4650
墨脱标准化蔬菜基地	2700	500	1800	1980
合计	38000	11800	30700	33330

(2)社会效益

充分发挥林芝市独特的资源优势,将资源优势培育成蔬菜产业优势,转化成经济优势,提高农业生产的整体素质和效益,将大力推动林芝市农业产业化进程;能极大地缓解淡季市场"买菜难、买菜贵"的突出问题,增加蔬菜花色品种,均衡蔬菜供应;保障进藏旅游观光客的蔬菜有效供应;改善和提升城镇居民与广大农牧民生活质量;安排1000～2000名农牧民就业,为农牧民群众加快脱贫致富提供一条新的途径。

(3)生态效益

建设环境友好型、资源再生高效利用型的循环蔬菜产业,是保护生态环境、实现蔬菜产业可持续发展必须遵循的宗旨和原则。在现代标准化精品蔬菜基地建设及运作过程中,坚持环保绿色作业,采用无污染病虫害生物、物理防控,严控化学农药施入,废弃物回收集中处理循环利用,保持良好的生态环境。

蔬菜产业项目建设进度安排见表5-19。

表5-19　蔬菜产业项目建设进度安排

项目名称	基期(年)	2018—2020年			2021—2025年				
	2017	2018	2019	2020	2021	2022	2023	2024	2025
现代农业高科技示范园	——	○	○	○	○	○	○	○	——
波密绿色精品蔬菜区	——	○	○	○	○	○	○	○	——
米林绿色精品蔬菜区	——	○	○	○	○	○	○	○	——
工布江达绿色精品蔬菜区	——	○	○	○	○	○	○	○	——
朗县标准化蔬菜基地	——	○	○	○	○	○	○	○	——
察隅标准化蔬菜基地	——	○	○	○	○	○	○	○	——
墨脱标准化蔬菜基地	——	○	○	○	○	○	○	○	——

注:表中○代表项目工程起止时间与建设期限。

第五节　藏药材产业

(一)现状与问题

1. 现状

林芝独特的地理位置、适宜的气候条件、肥沃的土壤基质,孕育了丰富的野生植物资源,享有"天然的植物基因宝库"的美誉,维管束植物种类占全西藏的55%左右,药用植物种类2000余种,其中濒危藏药材种类约50种,占全西藏的67.60%。现有的种植品种主要包括:天麻、灵芝、玛卡、藏丹参、波棱瓜、黄精、苞叶雪莲、鸡蛋参、手掌参、白芨、玉竹、柴胡、藏菖蒲、番木瓜、西藏棱子芹、藏当归、桃儿七、喜马拉雅紫茉莉、匙叶翼首草、甘青青兰、打箭菊等中(藏)药品种。

据不完全统计，截至 2017 年，林芝市人工栽培藏药材的地区有米林县、波密县、巴宜区、察隅县、工布江达县和墨脱县，林芝市新增藏药材种植面积 988 亩，藏药材种植面积达到约 10500 亩。现有的种植品种主要包括：天麻、灵芝、玛卡、藏丹参、波棱瓜、黄精、苞叶雪莲、鸡蛋参、手掌参、白芨、玉竹、柴胡、藏菖蒲、番木瓜、西藏棱子芹、藏当归、桃儿七、喜马拉雅紫茉莉、匙叶翼首草、甘青青兰、打箭菊等中(藏)药品种。其中，藏丹参的面积最大，达 6051 亩，其次是天麻、波棱瓜、黄精、苞叶雪莲、西藏棱子芹、喜马拉雅紫茉莉，其余的品种面积几十亩、几亩不等，在种植的 16 个品种中，属于藏药的有 12 个，占当前种植品种的 75%。

林芝的藏药材销售主要是以土特产店为销售载体，以区内外游客为销售对象，年销售总额约 4.2 亿元，其中野生药材占 88%，人工种植药材占 12%。野生药材销售额约 3.68 亿元，品种主要集中在冬虫夏草、天麻、手掌参、灵芝、贝母、雪莲花、三七(疙瘩七、竹节参等)、红景天，其中冬虫夏草销售额 3.6 亿元，其他 7 种药材的销售额有 800 多万元。人工种植药材年产值约 5000 万元，品种主要集中在天麻、灵芝、柴胡、藏丹参、波棱瓜、喜马拉雅紫茉莉、藏菖蒲等药材。

2. 存在的问题

(1)种植分散，工艺落后

2015 年，林芝市共有藏药材种植基地 8055 亩，分布于全市 6 县 1 区，但种植面积均为几十亩、几亩不等，品种繁多但均为散户种植，且农民种植积极性不高，区域内没有企业、合作社、大户等产业化经营组织形成示范带动作用，导致种植基地生产规模有限，已开展人工种植的藏药材品种，还未形成相关规范化种植生产标准操作规程，且没有品种获得相关行业认证。亟待开展种植标准操作规程制定、优良品种选育、规范化种植基地认证等提升生产技术和品牌的工作。

(2)市场发育层次低，服务体系落后

林芝尚无专业的藏药材流通市场，药材交易仍以传统的、零散的模式为主，老百姓根据企业需要进行采挖。多数藏药生产企业的原药材主要依靠在药材采收季节从药材主产地的老百姓手中收购野生资源，部分企业则从成都中药材市场、兰州中药材市场购买原药材用于成药生产。以信息化、电子商务和网络技术为特征的现代商贸物流体系尚未形成，原料供给、生产加工和产品终端市场供求信息不对称，限制了产品的流通，市场对产业的引导作用发挥不够。社会性的中介服务组织发展滞后，尤其是信息技术、质量检验和流通追溯等现代服务体系落后，难以将资源优势转变为竞争优势。

(3)科技支撑不足,产业链条短

林芝市藏药材产业处于低端发展阶段,基地规模小、产业链条短,加工转化能力较弱,大部分产品停留在出售原料阶段,科技服务体系基层薄弱。产品生产体系、市场体系缺乏有机联系,造成产品市场竞争力不强,产品附加值低,且没有龙头企业、合作社示范带动,品牌战略及产业效益不突出;农牧民组织化程度不够,专业合作组织管理不规范,市场开拓能力不强;企业与农牧民的利益联结不紧密,带动作用不够明显,产加销一体化经营程度低。

(二)产业定位与发展目标

1. 产业定位

藏医药产业作为林芝市的特色资源优势产业,通过各方面的努力,在规划期限内,通过开展藏药材的野生种质资源保护、种苗繁育、种植示范与培训基地及标准化种植基地,将林芝打造成藏药科普种植基地,使林芝市成为"传统藏药文化溯源地、现代藏药产业示范地、藏药材集散地、藏药种植资源保护地",使现代藏药产业成为助推林芝市经济社会发展的重要力量。

2. 发展目标

到 2020 年,全市藏药材种植面积发展到 1.5 万亩,种植藏药材产值达到 1.5 亿元。建成 1 个藏药材苗木繁育和野生植物藏药材驯化栽培与藏药材研发中心,建设藏药材野生资源保护与生态抚育基地 5 个,面积 4 万亩,每片区为 8000 亩。驯化栽培成功新中藏药材植物品种 1～2 个。

到 2025 年,全市藏药材种植面积发展到 2.5 万亩,种植藏药材产值达到 2.5 亿元(表 5-20)。继续建设藏药材野生资源保护与生态抚育基地 5 个,面积 4 万亩。驯化栽培成功新藏药材植物品种 2～3 个。

表 5-20　藏药材产业发展目标

发展指标	基期(年)	2018—2020 年			2021—2025 年				
	2017	2018	2019	2020	2021	2022	2023	2024	2025
种植面积(万亩)	1.05	1.2	1.4	1.5	1.7	1.9	2.1	2.3	2.5
产量(万 t)	1.05	1.2	1.4	1.5	1.7	1.9	2.1	2.3	2.5
产值(亿元)	0.9	1.2	1.4	1.5	1.7	1.9	2.1	2.3	2.5

(三)主攻方向与建设路径

在植物类藏药材资源的开发利用上,能够人工种植的要加大种植基地的建设力度,尽可能地增加藏药材的产出量;不能人工种植的,要坚持开发利用与资源保护并重的原则。坚持以市场为导向,以科技为支撑的原则,走特色发展的产业化与可持续发展的道路。积极推行和实施藏药材的“良好农业规范”(good agricultural practices,GAP)、“生产质量管理规范”(good manufacturing practices,GMP)等国际、国内标准。大力推进藏药生产的现代化,大力提高藏药企业的市场竞争力。

1. 加大种植基地建设

调动政府及有关部门,各县(区)、乡(镇)、村、农户与企业的积极性,走“公司+基地+农户”的发展模式。同时对基地的土地进行改土培肥以适应藏药材种植的要求。加强道路、水利设施的基础设施建设。

2. 加强资源保护力度

对于不能人工栽植的藏药材要制定采集规范,防止乱采滥伐,做到资源利用与保护相结合,走可持续发展之路。到2020年建成4万亩藏药材野生资源保护与生态抚育基地,2025年巩固4万亩保护基地。

3. 提高藏药材产业的科技水平

在林芝市市区建设1个野生藏药材驯化繁育中心,中心建设设施标准化栽培基地面积10亩,建设1处办公及检测实验场所。对有关的技术人员和药农进行技术培训,培训的内容包括苗木选育、栽植、土壤培肥、病虫害防治、田间管理、科学采收等。

4. 藏药材加工

(1)加工选址

选择交通发达、水源方便、生活工作便利的地方,而且离药材种植区不宜太远,所以林芝市区最为合适。

(2)加工方法

初加工:藏药种类繁多,其植物类藏药材处理程序主要有:洗涤→清理和选择→去皮→修整→蒸、煮、烫→浸漂→熏硫→发汗→干燥。因药材品种要求和产地习惯不同,以上程序不是每种藏药材都需要,但一般以修整、蒸煮烫、切制、干燥等方法最为普遍。

深加工:主要有制成药丸、饮片、饮料、药剂等。

(3)加快藏药材加工业发展的措施

首先要制定优惠的招商引资政策,在符合国家法律法规的条件下制定优惠的征地、融资、投资、政府帮扶、税收等政策,促进藏药材加工业的蓬勃发展;其次要多方筹集资金发展藏药材加工业,以引进外地资金为主,鼓励本地企业和个人投资藏药材加工业;大力加强技术引进与培训。

5. 龙头企业建设

在种植基地要建立各级专业合作组织,特别是建立“公司+基地+农户”的合作组织。

优化产品结构，加强企业技术改造，加快 GMP 实施进程。在政府的扶持下，积极引导和鼓励企业技术改造及技术进步，发展技术含量、质量标准及附加值等较高并具有相当规模的藏药名牌产品，创立企业品牌。

（四）布局与重点项目

1. 藏药材产业布局

藏药材研发基地在林芝市市区。藏药材野生资源保护与生态抚育基地 5 个，面积 4 万亩，分别在巴宜区、米林县、察隅县、朗县、墨脱县，每片区为 8000 亩。藏药材人工种植基地分核心区和提升区。核心区 2 个，分别是米林县和波密县。提升区 5 个，分别是巴宜区、察隅县、朗县、工布江达县和墨脱县（(彩)图 5-6）。到 2020 年全市藏药材人工种植基地面积达到 1.5 万亩。波密县主要是千亩天麻、千亩柴胡、百亩灵芝基地打造，米林县主要是千亩丹参、千亩黄精、千亩波棱瓜、千亩鸡蛋参、百亩玉竹、百亩雪莲、百亩藏菖蒲、百亩川贝、千亩秦艽基地打造。墨脱县主要是千亩鸡血藤、百亩七叶一枝花基地打造，工布江达县主要是七百亩川贝、千亩波棱瓜基地打造。朗县主要是百亩喜马拉雅紫茉莉、200 亩大黄、300 亩当归基地打造。察隅县主要是百亩铁皮石斛、百亩灵芝、200 亩天麻基地打造。到 2025 年全市藏药材人工种植面积达到 2.5 万亩。

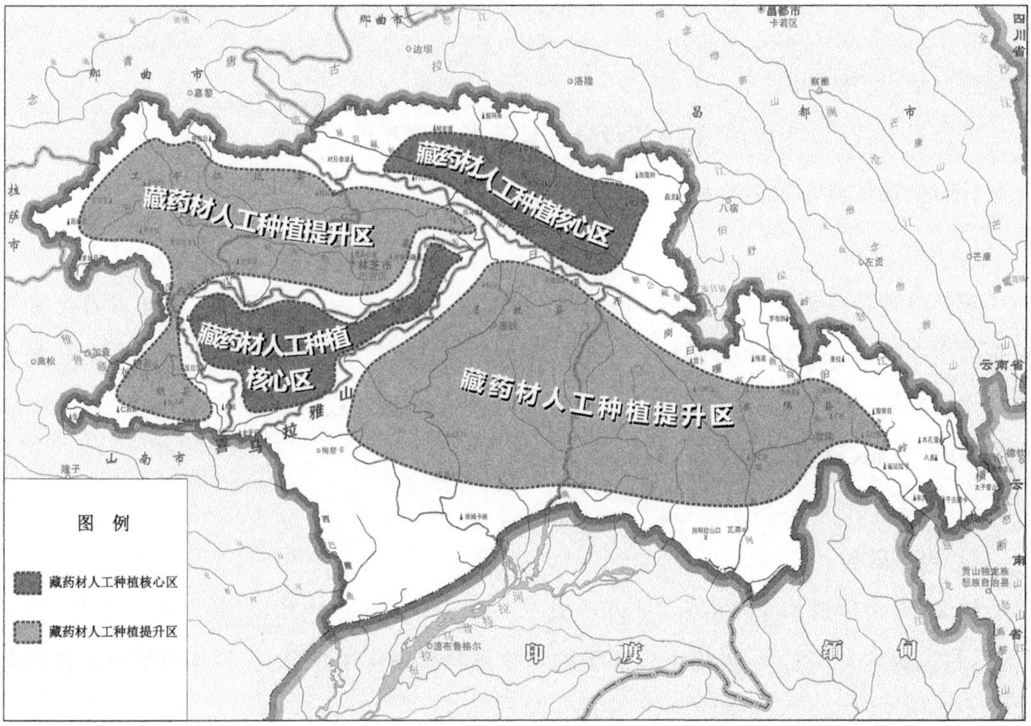

图 5-6　藏药材产业布局

2. 重点建设项目

(1)藏药材种植基地建设

建设内容:进行翻耕、平整等整理土地工作,同时进行水利设施等基础设施建设,选择优良苗木进行栽植。

建设地点:核心区为米林县和波密县,提升区为5个,分别是巴宜区、察隅县、朗县、工布江达县和墨脱县。

建设面积:1.45万亩,到2020年为0.45万亩。

投资概算:为1.45亿元,其中到2020年为0.45亿元。

(2)藏药材野生资源保护与生态抚育基地建设

建设内容:设定5个保护区,禁止放牧、禁止乱采滥伐。每个保护区聘请2名看护人员。

建设地点:分别是巴宜区、察隅县、工布江达县、朗县和墨脱县。

建设面积:为4万亩,每个保护区8000亩。

投资概算:为500万元,其中到2020年为300万元。

(3)野生藏药材驯化繁育中心建设

建设内容:设施标准化栽培基地面积10亩,建设1处办公及检测实验场所。对有关的技术人员和药农进行技术培训,培训的内容包括苗木选育、栽植、土壤培肥、病虫害防治、田间管理、科学采收等。

建设地点:林芝市区。

投资概算:2020年以前建成,建设资金概算为200万元。

(五)投资估算与效益分析

1. 投资估算

藏药材种植基地建设投资14500万元,其中到2020年为4500万元;藏药材野生资源保护与生态抚育基地建设投资500万元,其中到2020年为300万元;野生藏药材驯化繁育中心建设投资200万元,其中到2020年为200万元。总计投资15200万元,其中到2020年为5000万元(表5-21)。

2. 效益分析

(1)经济效益

到2025年种植2.5万亩,以每亩产值1.0万～1.2万元计算,可达产值2.5亿～3.0亿元,除去成本1.5亿元,再加上资源保护与生态补偿每年400万元,每年可创造经济效益1.24亿～1.74亿元(表5-22)。

表 5-21　藏药材产业投资概算　单位：万元

项目名称	2018—2020 年				2021—2025 年					
	2018	2019	2020	小计	2021	2022	2023	2024	2025	小计
藏药材种植基地建设	1500	2000	1000	4500	2000	2000	2000	2000	2000	10000
藏药材野生资源保护与生态抚育基地建设	100	100	100	300	40	40	40	40	40	200
野生藏药材驯化繁育中心建设		100	100	200						
合计	1600	2200	1200	5000	2040	2040	2040	2040	2040	10200

表 5-22　藏药材产业效益估算　单位：万元

项目名称	规模（亩）	2020 年	2025 年
藏药材种植基地建设	17000	6000	10000～12000
藏药材野生资源保护与生态抚育基地建设	40000	400	400
野生藏药材驯化繁育中心建设			
合计	57000	6400	12400～17400

（2）社会效益

充分发挥林芝市独特的资源优势，将藏药材的资源优势逐步培育成支柱产业，转化为经济优势，将大力推动林芝市农业产业化经营进程，提高农业生产的整体素质和效益。极大地缓解藏中药材市场上突出的供求矛盾，取得供需双方共赢的效果。为农牧民群众加快脱贫致富步伐寻找了一条有效的途径，增加了农牧民收入，也解决了部分农村劳动力就业问题。

（3）生态效益

藏药材产业的发展有利于对野生藏药材资源的保护，减少对野生藏药材资源的人工掠夺式乱采乱挖，进而保护野生藏药材种质资源种群的多样性和稳定性，维护生态环境。

藏药材产业项目进度安排和资金来源筹措分别见表 5-23 和表 5-24。

表 5-23　藏药材产业项目进度安排

项目名称	基期（年）	2018—2020 年			2021—2025 年				
	2017	2018	2019	2020	2021	2022	2023	2024	2025
藏药材种植基地建设		○	○	○	○	○	○	○	○
藏药材野生资源保护与生态抚育基地建设		○	○	○	○	○	○	○	○
野生藏药材驯化繁育中心建设			○	○					

注：表中○代表项目工程起止时间与建设期限。

表 5-24 藏药材产业项目资金来源筹措表

重点项目	投资总额（万元）	国家财政投资（万元）	地县配套（万元）	企业自筹/社会资本（万元）
藏药材种植基地建设	14500	4000	500	10000
藏药材野生资源保护与生态抚育基地建设	500	400	100	0
野生藏药材驯化繁育中心建设	400	300	100	0

第六节 农产品加工业

(一)现状与问题

1. 发展现状

“十二五”期间，林芝市农产品加工业呈现稳定持续发展态势。2017 年，全市农畜产品加工总产值达 4.87 亿元，比 2010 年增长 17.14%；与全市农林牧渔业总产值比值为 0.35∶1.00。主体产业以农畜初加工为主，加工制品以满足本市居民和外来旅游人群的日常生活需求为主。

茶叶加工业是本市农产品加工特色产业，主要集中在易贡茶场和墨脱县。2017 年，易贡茶场加工细茶为 0.9 万 kg，砖茶为 4.85 万 kg，产值为 780 万元，销售收入为 590 万元，营业收入为 870 万。茶场有易贡红、林芝春绿、易贡云雾、纪念茶饼、易贡砖茶 5 个系列产品。2017 年拥有 10 余个产品商标，1 个自治区著名商标。墨脱县 2015 年投产建设林芝墨脱茶叶有限公司，2017 年总产值约为 517 万元。

2010 年以来，林芝通过大力发展招商引资，吸引雏鹰农牧集团下属公司西藏东元食品有限公司、藏好食品有限公司等一批有实力的企业共同发展藏香猪加工产业，生产能力为屠宰藏香猪 4 万～6 万头/年。

2. 存在问题

2010 年以来，林芝市农产品加工业发展较快，但仍然处于初级发展阶段，产业发展存在一些不足，具体表现如下：

(1)产业规模尚未形成

农产品加工整体规模小，难以达到逐年扩张的特色农牧种养殖产业所需配套的加工规模。生产经营组织模式以农民专业合作社形式为主，合作社自身建设不完善，难以形成良好的示范带动效应。

(2)加工技术装备有待提升

农产品加工技术水平落后，机械化程度低，产品类型少。大部分产品属于“有产品，无商品”阶段，尚未形成品牌效应。经济效益有限，难以达到促进当地农牧民增收目标。

(3)加工产业链条过短

特色农产品仍停留在初级加工阶段，缺乏精深加工环节和产品，加工制品后期物流配送、市场销售等配套产业不完善，加工产业链短。

(二)产业定位与发展目标

1. 产业定位

立足林芝具有地域特色的主导农产品原料，在农牧产品主产区打造农产品初加工基地，实现优质农产品减损降耗和经济价值提升。着力建设茶叶和藏猪等特色农业产业化项目，培育“龙头企业＋基地＋农牧民”产业化经营主体，打造生产、加工和销售一体的全产业链条模式。集中发展精深加工，加大力度引进重点项目和农产品加工龙头企业，加强智力引进和科技建设，推进品牌建设，完善商贸物流配套设施，打造农产品精深加工园区。通过延伸产业链和价值链，将农产品资源优势转化为经济优势，打造林芝藏域特色鲜明的农产品加工产业集群，促进产业结构调整，实现农牧民增收、农业增效和推动现代农业产业发展。

2. 发展目标

到 2020 年，全市农产品加工业力求在优质农产品加工基地建设、特色加工产业链条延伸和精深加工推进上均初具规模。直接带动就业 400 余人，辐射带动全市种养农民合作社 50 余个。

到 2025 年，全市农产品加工经济效益稳步持续增长，产业化经营水平逐步提升，龙头企业带动效应已见成效，科技支撑体系初步建立，产品种类质量大幅提升。直接带动就业 1000 余人，辐射带动全市种养农业合作社 100 余个(表 5-25)。

表 5-25　农产品加工业发展目标

发展指标	基期(年)	2018—2020 年			2021—2025 年				
	2017	2018	2019	2020	2021	2022	2023	2024	2025
农产品加工总产值(亿元)	4.87	5.08	5.89	6.89	8.20	10.25	13.33	18.67	26.58
主营业务收入(亿元)	—	3.56	4.12	4.82	5.64	6.98	9.33	13.11	18.61
农产品加工转化率(%)	40	—	—	45	—	—	—	—	50
自治区级农产品加工龙头企业(含国家级)(个)	0	—	—	1	—	—	—	—	3
自治区级农民示范合作社(含国家级)(个)	0	—	—	2	—	—	—	—	5
自治区著名/知名商标(含国家级)(个)	1	—	—	2	—	—	—	—	5
市级农产品加工龙头企业(个)	0	—	—	3	—	—	—	—	8
市级农产品加工农民示范专业合作社(个)	0	—	—	3	—	—	—	—	8
市级著名/知名商标(个)	0	—	—	2	—	—	—	—	5

(三)主攻方向与建设途径

1. 积极培育农产品加工龙头企业，逐步壮大农民专业合作社

营造良好的投资环境和政策，加大招商引资力度，推进项目建设为抓手，培育扶持农产品加工龙头企业。鼓励龙头企业资源整合，扶持发展农产品加工农牧民专业合作组织，推进农业结构战略性调整。

2. 着力提升农产品加工技术装备水平，建立加工研发体系

充分依托中国农业科学院、西藏自治区农牧科学院、西藏农牧学院等科研院所科研力量和对口援藏工作组科技优势，构建“产学研推用”科技创新体系，并积极开展科技人才队伍建设。

3. 大力发展特色农产品加工产业，逐步实施品牌建设战略

逐步实施品牌建设战略，每个重点加工项目打造 1～2 个自治区或者市知名品牌，以品牌打造带动农产品加工产业的稳步发展。

(四)布局与重点项目

1. 建设布局

农产品加工业布局见(彩)图 5-7。

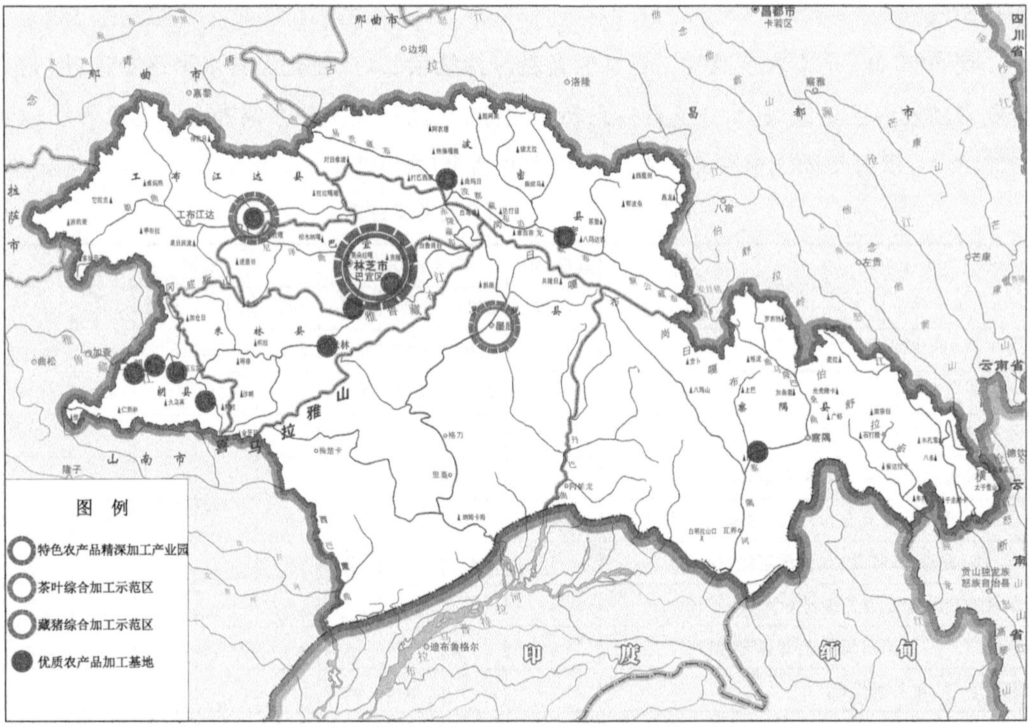

图 5-7　农产品加工业布局

“一园”：特色农产品精深加工产业园，建设布局巴宜区。

“二区”：茶叶综合加工示范区，布局易贡茶厂、墨脱县和察隅县；藏猪综合加工示范区，布局工布江达县巴河镇。

“七基地”：优质农产品加工基地：

——苹果加工基地，2 个加工点（巴宜区布久乡、朗县朗镇）。

——核桃加工基地，1 个加工点（朗县洞嘎镇）。

——肉制品加工基地，4 个加工点（巴宜区、米林县、察隅县、米林县）。

——辣椒加工基地，2 个加工点（朗县洞嘎镇、波密县易贡乡）。

——粮油加工基地，3 个加工点（波密县扎木镇、察隅县下察隅镇、朗县仲达镇）。

——食用菌加工基地，2 个加工点（工布江达县巴河镇、米林县）。

——藏药加工基地，3 个加工点（朗县拉多乡、米林县、巴宜区）。

2. 重点项目

(1)特色农产品精深加工产业园建设项目

——食品精深加工区：主要包括粮油加工、熟肉制品加工、茶叶加工、林果加工、乳制品加工、食用菌加工、休闲及保健食品加工等。突出以加工安全化、技术科技化、产品品质化和销售市场化等规则，以提升食品工业产业发展水平和档次为目标，以科技创新和体制创新为动力，打造高附加值、先进技术等特点，发展农产品精深加工产业链条，拓宽食品产业领域。

——藏药加工区：依托本市藏药特色资源优势，深度挖掘藏药功效潜力，打造集科学研究、研发生产与质量监督、控制于一体的藏药加工区。以虫草、丹参、立天麻、木香、秦艽、黄芪、甘草、牛蒡、龙胆花等为原料，采用现代高效分离萃取、生物酶工程、蛋白质工程和基因工程等技术，从藏药中分离、富集有效生物活性成分，作为保健食品和药物的原辅料，或者直接开发成品药。

——综合功能服务区：建设园区内现代标准化原料及食品仓储中心，为加工区提供基础设施保障；重点建设食品装卸配送、物流服务中心和信息服务中心，保障加工制品的运输流通顺畅；搭建产品展示平台，建立食品检测平台，为产品的质量安全提供保障支撑。最终打造一个综合性服务区域，为园区加工产业提供保障。

(2)特色农产品综合加工示范区

——茶叶综合加工示范区：打造茶文化体验馆、文化博物馆，建立茶加工技术研发中心，实现新产品研发，丰富产品类型，扩展产品种类；构建红茶、黑茶、绿茶和砖茶现代化加工车间，引进先进茶叶生产线，实现标准化、规模化茶叶初加工；打造茶叶质量检测中心，确保茶叶的标准化、质量化、安全化生产。在此基础上，进一步开展茶叶精深加工，研发袋泡茶、茶饮料、茶饼、茶香包等系列茶叶制品，延伸茶叶加工产业链条，提升产业经济效益。

——藏猪综合加工示范区：建设饲料加工车间，匹配快速增长的藏猪养殖规模；打造规模化、自动化、智能化现代屠宰区，构建肉制品精深加工区（火腿、肉酱、酱卤熟食、肉干）。同时，配套冷链运输设施，建立电子商务平台，完善相关上下游配套产业。最终打造成集屠宰、精深加工、冷链物流于一体的现代化藏猪综合加工产业示范区。

(3)优质农产品加工基地

建设以仓储及初加工为主的优质农产品加工基地，通过低温仓储解决生鲜农产品不耐贮问题，实现错季反季销售，延长销售期，提高产品价值。适度发展精加工，丰富产品类型，延长销售链条。

——苹果加工基地：苹果仓储（常温/冷库）物流、净化、分级，大力发展苹果干、苹果脯、苹果酒等加工。

——核桃加工基地：以核桃加工为主，产品包括核桃仁、核桃油、核桃粉，或进一步加工核桃粉、琥珀核桃等产品。

——肉制品加工基地：以牦牛、生猪和羊等畜产品为原料，开展屠宰、分割和物流运输等加工。

——辣椒加工基地：辣椒仓储（常温/冷库）物流、干制（辣椒干/粉）、辣椒酱和分级包装等加工。

——粮油加工基地：菜籽油、糌粑、青稞酒、青稞饼干、青稞糕点等加工。

——食用菌加工基地：以松茸、青岗菌、露水菌、羊肚菌等为主，开展仓储（常温/冷库）物流、干制、切分（片/丁）、罐头等加工。

——藏药加工基地：藏药贮藏、分级、炮制和药香加工等。

（五）投资估算与效益分析

1. 投资估算

林芝农产品加工产业投资概算如表 5-26 所示。预计总投资 101200 万元，其中，到 2020 年投资 48300 万元，2021—2025 年投资 52900 万元。资金来源以企业投资、社会资本（含金融资本）为主导，约占 70%；中央及市级财政投资、涉农援藏资金及项目投入为辅，约占 30%。

2. 经济效益估算

本市农产品加工产业工程经济效益估算如表 5-27 所示，预计到 2025 年，本市农产品加工产业每年可产生经济效益 265800 万元。其中，特色农产品精深加工产业园建设项目收益 99500 万元，茶叶综合加工示范区建设项目收益 62800 万元，藏猪综合加工示范区建设项目收益 74200 万元，优质农产品加工基地建设项目收益 29300 万元。

表 5-26 农产品加工业投资概算 单位:万元

项目名称	2018—2020 年				2021—2025 年					
	2018	2019	2020	小计	2021	2022	2023	2024	2025	小计
特色农产品精深加工产业园	4000	8500	8500	21000	10000	10000	7000	3000	——	30000
茶叶综合加工示范区	1800	2000	1500	5300	2300	800	800	——	——	3900
藏猪综合加工示范区	3000	5000	6000	14000	6000	5000	2000	——	——	13000
优质农产品加工基地	2000	3000	3000	8000	2000	2000	2000	——	——	6000
合计	10800	18500	19000	48300	20300	17800	11800	3000	——	52900

表 5-27 农产品加工业经济效益估算 单位:万元

项目名称	2020 年	2025 年
特色农产品精深加工产业园	25000	99500
茶叶综合加工示范区	15000	62800
藏猪综合加工示范区	20000	74200
优质农产品加工基地	8900	29300
合计	68900	265800

3. 社会效益及生态效益

大力发展农产品加工业,对于延伸本市特色农牧种养产业链条,对接休闲农业和特色乡村旅游产业,推进农业产业化发展进程,调整本市农业产业结构、加快现代农业建设步伐和实现农牧业提质增效、增加就业及农牧民增收等具有实际意义。通过加工产业集聚,吸引和鼓励环保型、高新技术企业入驻加工园区,对保护林芝当地生态环境、实现资源合理配置、提升产业可持续发展能力具有良好的生态效益。

表 5-28 为农产品加工产业项目进度安排。

表 5-28 农产品加工产业项目进度安排

项目名称	基期(年)	2018—2020 年			2021—2025 年				
	2017	2018	2019	2020	2021	2022	2023	2024	2025
特色农产品精深加工产业园		○	○	○	○	○	○	○	○
茶叶综合加工示范区		○	○	○	○	○	○		
藏猪综合加工示范区		○	○	○	○	○	○		
优质农产品加工基地		○	○	○	○	○	○		

注:表中○代表项目工程起止时间与建设期限。

第六章 休闲农业与乡村旅游产业

第一节 基础现状与条件分析

(一)基础条件

1. 自然地理环境独特,气候温和舒适宜人

林芝市地处西藏东南部,总体地势北高南低,平均海拔只有3100 m,是西藏海拔最低、气候最温暖、含氧量最高的地区,同时也是生态环境最好、生物多样性最丰富的地区,素有“高原氧吧”“香巴拉腹地”等美誉,因而也是高原反应最不明显的地区。在这里,游客基本不会产生强烈的高原反应,是进藏旅游途中绝佳的缓冲适应地段。

2. 相对区位优势显著,交通体系较为完善

林芝市距拉萨、成都、重庆、昆明等城市相对较近的区位优势,能更加便捷地接收到中心城市的辐射。辖区内318国道、306省道、201省道横贯东西,米林机场已开通多条区内外航线,拉林铁路、拉林高等级公路以及“十三五”时期重点推进的川藏铁路拉萨至林芝段、川藏铁路林芝至昌都段等重大交通设施均已开工建设。立体综合交通运输网络建设对提升城区城市品位、发展高原现代农业与乡村旅游、加快国际生态旅游区建设等具有重要的意义。

3. 生态旅游资源丰富,藏乡田园风景优美

林芝市生态旅游资源具有数量丰富、类型齐全、特色突出、品位高和组合条件好的基本特征,是我国世界性旅游客源吸引力最大、最具全球生态旅游开发潜力的地区。藏族的文化艺术、宗教意识、哲学观念、生产方式、生活习俗、建筑装饰和节日庆典等人文历史与西藏高原的浑朴天地、蓝天白云、雪域戈壁、冰川高峰、草原森林、河流湖泊、峡谷峭壁等融为一体,成为未来生态旅游的热点。

4. 民族文化氛围浓郁,极具神秘色彩和吸引力

林芝市有着深邃悠长的历史与地域文明,有着独特神秘的民族与民俗文化,同时又是藏医、藏药、藏茶文化的发源地。各民族的服饰、民居、礼仪、习俗都有自己丰富的内涵,构

成了林芝地区民俗文化的鲜明特色，具有深厚的文化积淀。历史上由于交通不便，可进入性差，外界少有接触，旅游资源具有封闭性和独立性，使得林芝旅游具有神秘色彩，增添了对游客的吸引力。这些都成为开发民俗旅游、休闲农业、健康养生等产业的重要基础和条件。

（二）发展现状

1. 旅游产业快速发展，休闲农业初具产业规模

林芝市深入推进林芝国际生态旅游区、全域旅游示范区创建，成功举办了桃花旅游文化节、雅鲁藏布生态文化旅游节，被评为全国最受欢迎的生态旅游目的地。2017 年，林芝市共接待国内外游客 518.66 万人次，实现旅游收入 45.46 亿元，同比增长 15.67%，分别完成年度计划的 97.86%和 98.83%。农牧民家庭旅馆总数达到 570 家，其中星级家庭旅馆 167 家，非星级 403 家，拥有客房 5105 间，床位 13199 张，共接待旅游者 42.01 万人次，同比增长 57.04%，实现旅游收入 5813.92 万元，同比增长 55.11%。全市参与旅游服务的农牧民群众达 1358 户、8207 人，实现旅游收入 6122.4 万元，户均增收 4.51 万元，人均增收 7460 元。除此之外，许多当地农牧民通过旅游运输、马匹服饰租赁、土特产和纪念品销售等方式参与到休闲农牧业产业中，走上了富裕之路。

2. 基础设施日趋完善，乡村旅游示范村建设取得实效

近年来，林芝市积极完善乡村旅游发展规划，确定旅游基础设施建设类 4 个景区（墨脱景区、大香格里拉景区、桃花沟景区、尼洋河风光带景区）及乡村旅游建设项目总投资 1.48 亿元；市级财政拨付 1300 万元用于乡村旅游示范村建设，按照“一村一品一特一组织”的乡村旅游产品体系建设标准，完成了 12 个乡村旅游示范村项目建设，有效激活了乡村各类资源，为发挥乡村旅游的产业带动和扶贫增收功能奠定了基础。

3. 宣传推广力度不断加大，品牌建设日渐成熟

通过办好林芝桃花文化旅游节、生态旅游季、雅鲁藏布生态文化旅游节等节庆活动，以“美丽林芝、和谐林芝、幸福林芝”为导向，林芝市不断扩大乡村旅游品牌知名度和影响力。2016 年，以“人间净地 · 醉美林芝”为活动主题的第十四届林芝桃花文化旅游节，共接待游客 29.59 万人次，实现旅游收入 2.64 亿元，同时，带动林芝乃至西藏全区旅游旺季的提前开始。

（三）存在问题

1. 产业发展仍处于起步阶段

林芝市休闲农业和乡村旅游产业发展潜力巨大，但具有较高的开发风险和技术难度，其中最主要的局限来自交通，路途遥远、可进入性较差、灾害频发等问题使得产业开发风险高难度大，再加上受资金、技术、人才、生态等条件局限，农业资源整合力度不够，产业发

展总体仍处于起步阶段。

2. 基础设施仍有待完善

休闲农业产业开发过程中缺乏科学规划，硬件设施条件较为落后，道路交通、停车场、公共厕所、餐饮住宿等设施过于简陋，且整体缺乏科学有序的布局，难以形成统一的特色和风格，不利于休闲农业品牌建设。

3. 对景点依赖性强

现阶段林芝市休闲农业以景点带动模式为主，对旅游景点依赖性较强。休闲农业是农业与旅游业、文化产业、休闲产业等的有机融合，是把农业中具有旅游、休闲、文化价值的部分进行整合开发和利用。单纯强调旅游业的发展，脱离了农业生产经营，忽视了对农业资源的开发以及农业与其他产业的融合发展，休闲农业必然缺乏发展后劲和可持续性。

4. 专业性人才缺乏，服务水平有待提高

总体上来看，关于休闲农业和乡村旅游的项目开发与科学论证还处于起步阶段，相关专业人才在全国范围内都较为缺乏。林芝市也存在缺乏针对休闲农业和乡村旅游管理的专业人才的问题，休闲农业和乡村旅游的服务水平有待进一步提高。

(四)市场分析

由于交通可进入性的改善，林芝市对旅游业发展给予的高度重视，2010 年以来，林芝市旅游业增长速度惊人。从西藏自治区和周边地市的发展趋势以及林芝未来 10 年城市建设的角度，本规划认为近期休闲农业与乡村旅游游客总量仍将呈现大幅增长的趋势。以 2017 年为基数，将 2018—2020 年综合指标增长率定为 40%，呈快速发展；2021—2022 年增长率定为 35%，进入稳定增长期，2022 年后进入稳定增长和容量控制期，增长率控制在年均 25%左右。相关市场指标分析预测结果见表 6-1。

表 6-1 休闲农业与乡村旅游发展情况预测

时间(年)	游客量(万人次)	收入(万元)	家庭旅馆总数(个)	星级家庭旅馆总数(个)	带动农牧民(人)
2017	42	5800	570	167	8200
2018	60	8200	700	220	10000
2019	80	12000	1000	300	12000
2020	120	16000	1200	400	15000
2021	160	21000	1500	600	20000
2022	200	30000	1800	800	25000
2023	280	36000	2200	1000	30000
2024	330	45000	2500	1200	35000
2025	400	56000	3000	1500	40000

第二节　产业定位与发展目标

(一)发展战略

通过以上综合分析，林芝市休闲农业的核心旅游资源主要体现在“高山峡谷自然景观、健康养生生态环境、藏地田园风光、藏民族民俗与文化、藏地人文历史遗产”等几个方面，结合实际情况，提出“三个三”发展战略。

1. 三产融合

推进一、二、三产业深度融合。加强产业协同创新力度，联合进行乡村旅游产品开发和商业模式创新；加快推进线上线下融合，引导产业融合向纵深推进，提升乡村旅游扶贫精准度。

2. 三片统筹

分区统筹，递进发展。按各县(区)乡村旅游产业发展进度和速度不同，划分先行发展示范、改革创新提升、综合协调发展3个不同层次发展阶段，并以此划分片区，因地制宜，统筹协调、递进式发展。

3. 三方共赢

创新开发模式，实现农牧民、政府、企业三方共赢。创新开发模式与机制体制，多方筹措资金，统筹规划、整合资源，将乡村旅游产业化发展与企业经营发展、农牧民脱贫增收结合起来，努力实现农牧民、企业、政府三方共赢的目标。

(二)产业定位

1. 高原休闲农业示范区

以做大、做强特色农业为抓手，加快转变农业发展方式，坚持推进产业融合，不断延伸产业链。切实加强对农牧民的教育、培训，提高农牧民参与旅游业的自觉性和主动性，提升农牧民的服务素质。创新组织形式，探索农牧民参与旅游服务、增加收入的新途径。打造“高原休闲农业示范区”，打响“人间净地·醉美林芝”的品牌。

2. 国际康养旅游目的地

以打造休闲观光度假游、康体养生休闲游、特色小镇休闲游、民族文化体验游、秘境朝圣探险游等类型的康养旅游产品为重点，构筑“中心辐射、纵横牵引、多核联动、全域发展”的发展格局，采用“多产业全景式”开发模式，面向世界市场，打造国际康养旅游目的地。

(三)形象定位

1. 雪域桃源

林芝地区的桃花属于高原桃花,品种品相大大有别于平原地区。藏桃树高花繁,树体高大,寿命可达千余年,桃花盛开的时候,常有“山脚繁花似锦,山顶白雪皑皑,山中云雾缭绕”的仙境般奇观美景。经过10多年的发展,桃花文化旅游早已成为林芝地区旅游的标志和名片。以雪域桃源为形象定位,在赏花聚集区域建设一批具有观光、采摘、休闲、餐饮、度假等综合性功能的生态休闲农业示范园区,借助林芝桃花节的品牌知名度,进一步做大做强赏花经济的同时,搭配特色民宿、特色餐饮等乡村旅游精品项目,沿线打造各具风貌的“雪域桃源”美丽乡村,带动区域休闲农业和乡村旅游产业的发展。

2. 西藏茶乡

世界屋脊高寒缺氧、强辐射,居民生活必须摄入高脂肪、高糖类食物以适应自然环境,藏茶可调和分解油腻、补充维生素,成为藏族人民主要的生活饮品。藏茶自唐朝即有历史记载,是名副其实的千年古茶。从前高海拔地区不产茶,藏茶要从汉区(内陆)贩卖到高原,茶马古道、南路边茶应运而生。近年来经过在易贡、墨脱等地引种试种和大面积种植的成功,未来发展绿色、有机茶产业具有得天独厚的自然条件、历史文化等方面的优势。

以西藏茶乡为形象定位,大力借助上级支持林芝茶产业发展的契机,集中建设一批高科技含量、高标准、绿色生态的茶叶种植基地。同时,深入挖掘藏茶的文化历史内涵和康体养生功效,走产业融合的多样化经营之路,推动林芝茶产业与休闲农业融合发展。

(四)目标体系

1. 总体发展目标

到2025年,通过构筑“一个休闲农业产业核心,两大沿线休闲农业产业轴带,三大特色休闲农业片区,一批休闲农业示范园区,一批示范村(点)”的“12311”产业空间布局,加快形成布局合理、产业集中、优势突出的产业发展新格局。

建成8个在西藏自治区乃至全国知名的休闲农业集聚区,力争形成12个以上旅游特色镇,30个以上旅游特色村。将休闲农业与乡村旅游产业发展成为林芝市现代农业的重要组成部分和战略新兴产业,成为促进农民增收就业、满足人民群众日益增长对美好生活需求的民生产业以及林芝市建设全域旅游示范区的支柱产业。

2. 阶段发展目标

(1)2018—2020年:优化布局,完善体系,加快发展

建立休闲农业管理组织体系并形成有效运行机制,基本建立休闲农业政策支撑体系、建设标准体系、评价指标体系和监督管理体系,充分发挥典型项目示范带动作用和政策扶

持导向作用，创建一批市级、区级和国家级休闲农业示范点，将休闲农业建设成为联结一、二、三产业的新兴产业，提升其在现代农业产业体系中的比重。

——到 2020 年，林芝市休闲农业接待游客人数实现 150 万人次，实现乡村旅游收入 3 亿元。

——打造一批具有辐射带动能力的示范项目：到 2020 年，建成 5 个以上在西藏自治区乃至全国知名的休闲农业集聚区；形成 10 个以上乡村旅游特色镇，20 个以上乡村旅游特色村。

——建立休闲农业管理组织体系和质量标准体系：农业相关部门组织成立休闲农业的专门管理机构，下设办公室具体负责休闲农业的常态化工作。通过构建休闲农业建设和服务质量标准体系，优化产业布局，提升发展水平。

——完善休闲农业产品类型，基本构建全市的休闲农业产品体系：呈现“全市有重点、县(区)有特点、乡(镇)有亮点、各村有卖点”的产业新格局，产业规模进一步扩大。

(2)2021—2025 年：品牌引领，提升品质，全域推进

建立成熟的组织和运行机制，建成较为齐备和完善的休闲农业政策支撑体系、建设标准体系、评价指标体系和监督管理体系。独具高原特色的生态休闲、文化体验、养生度假为主的休闲农业产业和产品体系逐渐成熟，林芝市作为“高原休闲农业示范区、国际乡村旅游目的地”的地位基本确立。

——到 2025 年，林芝市乡村旅游接待游客人数实现 280 万人次，实现乡村旅游收入 5.6 亿元。

——全面完成示范项目创建工作。休闲农业示范园区 5 个，核心面积 5500 亩，辐射 30000 亩。建成 8 个在西藏自治区乃至全国知名的乡村旅游集聚区；力争形成 12 个以上旅游特色镇，30 个以上旅游特色村。

——全面完善休闲农业管理组织体系和质量标准体系。通过完善管理组织和质量标准体系，进一步优化产业结构，打造布局科学、结构合理、服务完善、特色明显、管理规范的休闲农业产业格局。

——将休闲农业纳入林芝市全域旅游示范区建设整体框架。休闲农牧业和乡村旅游成为林芝旅游产品体系的重要组成部分和特色拳头产品，在国内、国际市场上具有较强的竞争力，林芝市成为全国乃至全世界著名的休闲农业与乡村旅游目的地。

第三节　总体布局与发展重点

(一)总体布局

依据“环城、依景、沿线”的空间布局战略，确立林芝乡村旅游的整体空间结构为“一心两轴三区”，形成“中心辐射、纵横牵引、多点联动、全域发展”的发展格局((彩)图 6-1)。

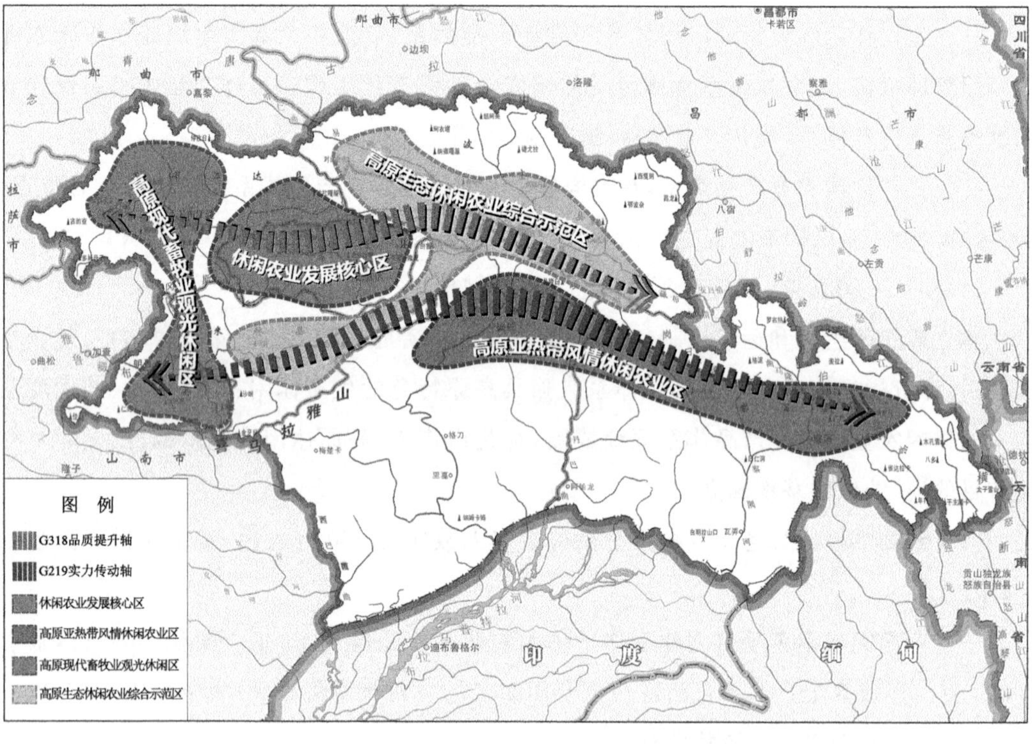

图 6-1　休闲农业“一心两轴三片区”总体布局

1. 一心——休闲农业产业发展核心区

规划布局：以巴宜区沿 318 国道交通便捷的八一镇、林芝镇、布久乡、米林农场、工布江达县巴河镇等区域为主体，辐射巴宜区全区、米林县和工布江达县的部分地区，建设林芝市休闲农业产业发展核心区。

建设目标：

(1)打造林芝市休闲农业与乡村旅游公共服务中心

以提供休闲农牧业和乡村旅游公共服务为主要功能，利用交通区位优势，充分发挥城区的中央资源中心、展示示范中心、文化交流中心、物流调配中心、智慧化网络服务中心、游客集散综合服务中心和安全应急指挥中心等综合功能。

(2)建设林芝国家级高原现代生态休闲农业核心示范区

推进观赏及经济价值高的特色水果、茶叶、蔬菜、花卉、畜禽、水产等优势产业向休闲农业发展核心区集中，持续推进现代农业园区的新建和提升，抓好国家现代农业示范区、园艺作物标准园、现代农业畜牧示范区等项目建设，提升产业发展规模和水平，为全市休闲农牧业发展提供强有力的产业支撑。建成产业特色鲜明、文化底蕴深厚、服务综合配套、产业深度融合的现代农业园区 5 个，特色休闲农庄 10 个，核心面积 5500 亩，辐射 30000 亩。

2. 两轴——休闲农业与乡村旅游产业发展轴

以国道 318、国道 219 为乡村旅游沿线集中分布的两大产业发展轴。以打造休闲农业骨干轴线、串联林芝市各县区乡村旅游节点、带动乡村旅游产业集聚片区为目标，建设集田园景观、生态景观、人文景观为一体的乡村旅游产业集聚和辐射带动轴带。

(1)国道 318 品质提升轴

规划布局：借助国道 318 的交通优势和知名度，构建沿 318 国道乡村旅游品质提升轴带。串联工布江达县、巴宜区和波密县，西接拉萨市，东至昌都市并与四川相连通。

建设目标：在现有资源环境、区位优势、品牌效应的基础上，注重空间布局设计、深入挖掘民俗文化、突出彰显民族文化元素、丰富提升内涵品质，发挥文化引领风尚、推动乡村旅游发展的作用，打造高端化、国际化乡村旅游产业集聚带。

(2)国道 219 实力传动轴

规划布局：国道 219(省道 306 扩建升级)串联起朗县、米林县、墨脱县和察隅县这几个交通设施相对落后、乡村旅游产业发展较为缓慢的县区。

建设目标：借助交通沿线的便利条件借力发展，整合当地旅游资源优势，做好规划设计。加大旅游资源的开发力度，加大基础设施建设力度，推动乡村旅游发展。

3. 三区——高原生态休闲农业综合示范区、高原现代农业观光休闲区、高原亚热带风情休闲农业区

(1)高原生态休闲农业综合示范区

规划布局：米林县、波密县。

建设目标：米林县、波密县经济社会发展条件优越，交通区位优势显著，农业产业基础扎实、特色明显，旅游产业带动能力较强，休闲农业与乡村旅游发展已经初具规模。以林芝市全域旅游示范区的创建为契机，积极创新发展模式，提升发展层次，深度挖掘农耕民俗项目，提升特色乡村旅游的承载功能，面向国内国外市场，打造林芝市高原生态休闲农业先行示范区。

(2)高原现代农业观光休闲区

规划布局:工布江达县、朗县。

建设目标:工布江达县、朗县经济社会发展基础较好,交通区位优势较为明显,自然生态景观资源丰富。农业特色较为突出,特别是畜牧产业和畜产品,已经具有一定的产业规模和品牌知名度。在林芝市创建全域旅游示范区的大背景下,以现有畜牧业和畜产品为特色,规划以现代畜牧业为特色的休闲农业区。

(3)高原亚热带风情休闲农业区

规划布局:墨脱县、察隅县。

建设目标:墨脱和察隅大部分辖区属于热带和亚热带气候,受历史地理等方面局限,经济社会发展基础还较为薄弱。一方面,由于基础和配套设施不完善、专业人才缺乏等因素,发展休闲农业的能力有待增强;另一方面,生态系统脆弱,环境保护压力巨大,发展休闲农业的进度受到局限。两县的休闲农业可以高原亚热带风情为特色,在切实保护生态环境的前提下逐步开发。

(二)重点项目

休闲农业"重点项目"空间布局见(彩)图 6-2。

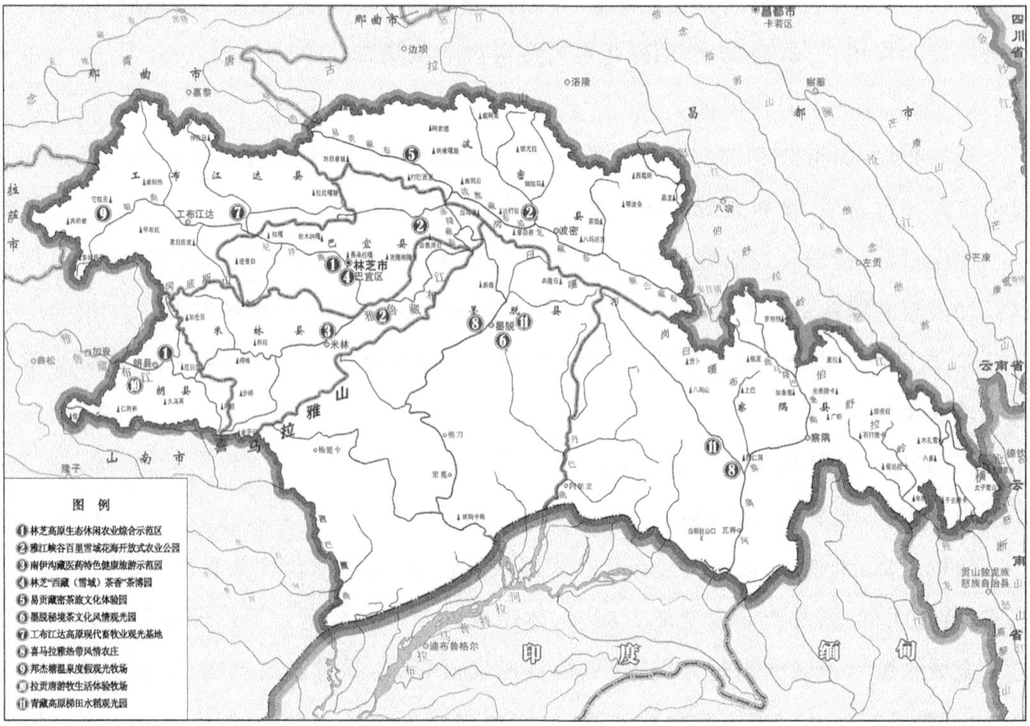

图 6-2　休闲农业"重点项目"空间布局

1. 林芝高原生态休闲农业综合示范区(尼洋河沿线休闲农业示范带)

规划布局:巴宜区、米林县、工布江达县。

建设内容:依托龙头企业,在农业种植示范基地、循环农业试验示范基地以及现代农产品加工物流基地等项目建设的基础上,充分发挥现代休闲农业的生态和生活功能,把“鲁朗—派—羌纳—丹娘—布久—米瑞—林芝—八一—更章—百巴—巴河”等节点作为布局重点,建设大型综合性休闲观光农业基地5个、特色休闲农庄10个,构成林芝高原生态休闲农业综合示范区(尼洋河沿线休闲农业示范带)。

建设规模:共5500亩,总投资1.5亿元。

2. 雅江峡谷百里雪域花海开放式农业公园

规划布局:巴宜区、米林县。

建设内容:在现有桃花景观的基础上,沿雅江峡谷串联“米林—布久—丹娘—羌纳—派”几个乡镇,种植包括大花黄牡丹、雪菊、油菜花、向日葵等在内的具有景观价值的农作物,形成雪域花海观光带,发展以赏花为主题的休闲农牧业。

建设规模:种植大花黄牡丹800亩,油菜5000亩,雪菊100亩,向日葵100亩,其他花卉1000亩,共7000亩,总投资3000万元。

3. 林芝“西藏(雪域)茶乡”茶博园

规划布局:巴宜区。

建设内容:在巴宜区规划建设林芝“西藏(雪域)茶乡”茶博园。以展示林芝(西藏)茶产业、弘扬林芝(西藏)茶文化、推介林芝茶品牌为重点,将藏地茶主题文化旅游与农业产业化发展紧密结合,打造精品藏茶博物馆(展销推介中心)、茶文化展示与演艺中心、茶文化主题精品酒店、茶文化主题餐饮等项目。

建设规模:巴宜区,总投资1亿元。

4. 南伊沟藏医药特色健康旅游示范园

规划布局:米林县。

建设内容:在现有藏医药种植基地的基础上,利用本地丰富的旅游资源和藏医药资源,深入挖掘“米林药洲”的历史文化底蕴,以米林县南伊洛巴民族乡为主体,依托米林南伊沟景区,规划建设藏医药健康旅游示范园,创建藏医药健康旅游示范项目,带动休闲农业发展。

建设规模:2000亩,总投资1亿元。

5. 易贡藏密茶旅康养体验园

规划布局:波密县。

建设内容:在茶叶核心产区波密县易贡乡,配合波密县易贡乡、易贡湖景区开发,规划建设易贡茶旅文化体验园,开发建设1座集高科技农业产业、生态旅游、科普宣传、文化传承为一体的茶旅文化体验园和茶文化主题公园,引领休闲农业发展。

建设规模:2000亩,总投资1亿元。

6. 墨脱秘境茶文化风情观光园

规划布局:墨脱县。

建设内容:在高标准茶园建设的基础上,结合墨脱丰富的旅游资源与强大的旅游吸引力,规划建设一座以禅茶文化、秘境朝圣、心灵净化为主题的,集餐饮住宿、观光体验、休闲度假、健康养生为一体的秘境茶文化风情观光园,在促进墨脱茶产业加速融合发展的同时,打造墨脱茶叶品牌,提升墨脱茶叶的竞争力和知名度。

建设规模:1000亩,总投资1亿元。

7. 工布江达高原现代畜牧业观光基地

规划布局:工布江达县。

建设内容:以地理标志产品"工布江达藏猪"为核心,在保持大巴松措风景区风光特色的前提下,遵循循环农业理念与现代畜牧业的发展规律,通过打造藏猪文化馆、藏猪产品体验馆、观光采摘园等项目,组建"农、林、牧"完整的生态观光系统,建设以牧为主、农牧结合、农旅结合的综合高原现代畜牧业观光基地。

建设规模:2000亩,总投资1亿元。

8. 喜马拉雅热带风情休闲农庄

规划布局:墨脱县德兴乡、察隅县下察隅镇。

建设内容:与热作水果种植基地配套,规划建设2个集现代农业生产示范、生态农业旅游观光、休闲度假、农业科普教育和推广、农牧产品展示展销等功能于一体的生态休闲农业园。

建设规模:总面积1000亩,总投资8000万元。

9. 邦杰塘温泉度假观光牧场

规划布局:工布江达县加兴乡。

建设内容:依托独特的自然风光、天然草场、特有牦牛品种等资源,以"优化生态环境,发展特色牧业,打造生态牧场,提高牧民收入"为目标,规划建设集生态养殖、旅游观光、民俗体验、野营露宿、高原养生为一体的高原温泉度假观光牧场,鼓励扶持原居民开展牧场旅游接待经营服务。

建设规模:1000亩,总投资5000万元。

10. 拉贡塘游牧生活体验牧场

规划布局：朗县登木乡。

建设内容：以牦牛养殖基地为核心，建设拉贡塘品牌畜牧产品展示区、游牧文化与游牧生活体验区、餐饮购物区等配套设施，打造集游、玩、吃、住、购为一体的综合性休闲牧场度假区，辐射带动仲达镇、朗镇休闲农业和乡村旅游发展。

建设规模：1000 亩，总投资 5000 万元。

11. 青藏高原梯田水稻观光园

规划布局：墨脱县德兴乡、察隅县察瓦龙镇。

建设内容：与高原水稻种植基地配套，规划建设 2 个集现代农业生产示范、生态农业旅游观光、休闲度假、农业科普教育和推广、农牧产品展示展销等功能于一体的生态休闲农业园。

建设规模：总面积 1000 亩，总投资 3000 万元。

(三)重点工程

1. 休闲农业园区标准化提升工程

建设内容：农产品品质提升工程。围绕园区特色优势产品，引进或培育优质、专用品种，同时增加产品的艺术特色，发展创意农产品，提升产品的附加值。设施园艺提升工程。对落后的不适应生产要求的温室、大棚进行更新改造，并配备现代设施设备，满足新品种生产要求。科技提升工程。围绕优势产品的科技需求，引进现代农业科技替代传统农牧业技术。基础设施提升工程。改造路面、标志性大门、标牌，改建休闲广场，修建景观建筑、生态厕所及生态餐厅，改造游客接待服务中心和新增休闲设施，改造停车场、更新教育设备等。生态休闲环境提升工程。建设植物景观，改造休闲绿色农业景观或高原牧业特色景观，提高园区绿化率，建设垃圾处理设施，使园区有机废弃物资源化处理。

对于新建休闲农业园区，重点发展以智能温室、日光温室为主的现代农业设施，应用优质、高产、节能、低成本、无公害和有机配套设施栽培技术、设施栽培环境自动调控技术、无土立体栽培技术、温室滴灌施肥智能化控制技术、生物农药施用技术及配方施肥技术等，艺术化布局生产空间，生产稀特优农产品，集中体现园区的展示、教育、体验、休闲、采摘等多种功能，满足游客消费需求。

投资规模：1 亿元。

2. 乡村旅游特色村标准化提升工程

建设内容：对已建成的旅游特色村进行标准化提升改造，具体内容：加强基础设施建设。进行道路维护、房屋修缮、停车场建设、厕所改造、村内及景区增建休闲长廊、凉亭、拱桥等休闲娱乐设施，对有深谷险坡的地方修建围栏。对农(藏)家乐进行升级改造。包括卧室、厨房、浴室、厕所等进行标准化改造，达到农(藏)家乐经营标准。注重文化塑造。深度挖掘特色村特色文化，形成特色村旅游品牌。改善生态环境。特色村道路两旁通过植树栽花绿化美化环境，建设生活垃圾中转站，对生活垃圾进行资源化处理。

新建旅游特色村在配套基础设施方面要实现道路整洁、通畅，便于旅游车辆行驶，主干线通往村公路的路口要有醒目的旅游标识牌，并建设停车场所及符合标准的生态厕所；有满足旅游者一般需求的食宿及购物场所，且安全、卫生、方便；建设医疗救护服务点，为患者提供医疗服务。新建农(藏)家乐在居住上，按照农户居住特色，统一建设标准；在环境上，要符合生态宜居的要求；在饮食上，规范食品安全标准，满足游客饮食需要。

投资规模：1 亿元。

3. 乡村旅游特色小镇建设工程

乡村旅游特色小镇项目汇总见表 6-2，特色小镇旅游示范村空间布局见(彩)图 6-3。

表 6-2　乡村旅游特色小镇项目汇总

项目名称	建设内容	建设地点	投资总额（亿元）
鲁朗国际康养旅游度假小镇 发展定位： 高原林海云雾茶场、藏秘田园康养圣地	依托已建成景区(项目)，扩展旅游产业的辐射和带动效应，在鲁朗规划建设农业生产旅游观光园、茶叶种植观光园、生态观光采摘果园、藏药材种植体验园等，带动休闲农业和乡村旅游产业发展。进一步整治和提升周边村庄村容村貌，引导农牧民参与到乡村旅游产业中来，逐步提升家庭旅馆的品质和服务质量，提升旅游接待条件，完善鲁朗小镇景区吃、住、行、游、购、娱 6 方面的旅游配套功能补充	鲁朗镇	1
古乡藏医药特色健康旅游小镇 发展定位： 藏王故里桃源秘境、圣湖天池养生天堂	依托波密古乡现有丰富的旅游景观资源以及 318 国道沿线的交通区位优势，在现有藏医药种植基地的基础上，搭配藏药材、藏蜂蜜等健康农产品，打造古乡藏医药特色健康旅游小镇。通过加大医药旅游融合，丰富康养旅游项目，依托龙头企业，逐步完善旅游、服务等功能，扩大招商引资力度，在“藏医药＋民宿、藏医药＋露营、藏医药＋药膳”等方面进行项目开发与打造，促进藏药产品和服务的衍生，提升藏医药旅游产品知名度	古乡	1
达木珞巴民俗风情旅游小镇 发展定位： 民族风情石锅之乡、徒步探险峡谷秘境	以珞巴文化特色为核心，将达木珞巴民族乡建设成为集观光旅游、餐饮、影视、娱乐为一体的旅游景区。以气候、景观、墨脱医药材、墨脱土特产品与健康美食等为特色，扶持农牧民参与到乡村旅游产业中。引导农牧民开展文化探访、民宿接待、农业休闲等经营活动，适度扩大旅游接待规模。联动 80 K、52 K 旅游场站，建设珞巴民族文化广场、民族风情特色民居、珞巴舞蹈演出中心、珞巴特色餐馆等项目，与墨脱镇旅游发展实现互补。以珞巴族传统节日和宗教活动为主题，举办各种节庆旅游活动，打造墨脱民族生态旅游观光名镇	达木珞巴民族乡	1.2

续表

项目名称	建设内容	建设地点	投资总额（亿元）
朗镇高原文化旅游小镇 发展定位： 藏东南朝圣古驿站、贡品之乡吉祥之旅	依托冲康庄园、千年核桃林、巴尔曲德寺等人文历史旅游景点，打造宗教文化旅游、寺院经济和藏香制作产业，带动乡村生态旅游产业和周边地区经济发展。结合朗县新城、朗县火车站的建设，抓住306省道升格为219国道的机遇，全力推进健全旅游集散服务功能，配套建设相应的旅游服务接待设施。利用嘎贡沟、拉多藏湖、拉贡塘牧场等周边高禀赋的生态旅游资源，结合特色精品农畜加工产品，开发建设餐饮住宿、自驾车营地、露营地等项目，完善生态旅游产业链。通过举办拉贡塘自驾游暨牧民文化旅游节、千年核桃园美食文化节等节庆活动，展现牧民原生态生活，提升旅游品牌知名度	朗镇	1
巴河工布文化特色小镇 发展定位： 雪山绿水户外天堂、工布文化特色古村	以巴河镇甲热村农业科技示范园区为中心，在巴河镇至错高乡旅游交通沿线种植特色农作物、藏药材、经济林木等，规划建设农业观光带。借助小康示范村和美丽村庄建设的机遇，整治乡村环境卫生，突出工布特色。通过错高村整村保护项目和木巴旅游小镇的建设，打造景区沿线自治区级旅游示范村，丰富乡村旅游景点。依托龙头企业（东元公司等），开发错高藏猪原种保护和娘蒲娘亚牦牛国家地理标志品牌价值，强化商业开发包装和品牌包装，变特色农副产品为地方礼品与旅游纪念品	巴河镇	1
合计			5.2

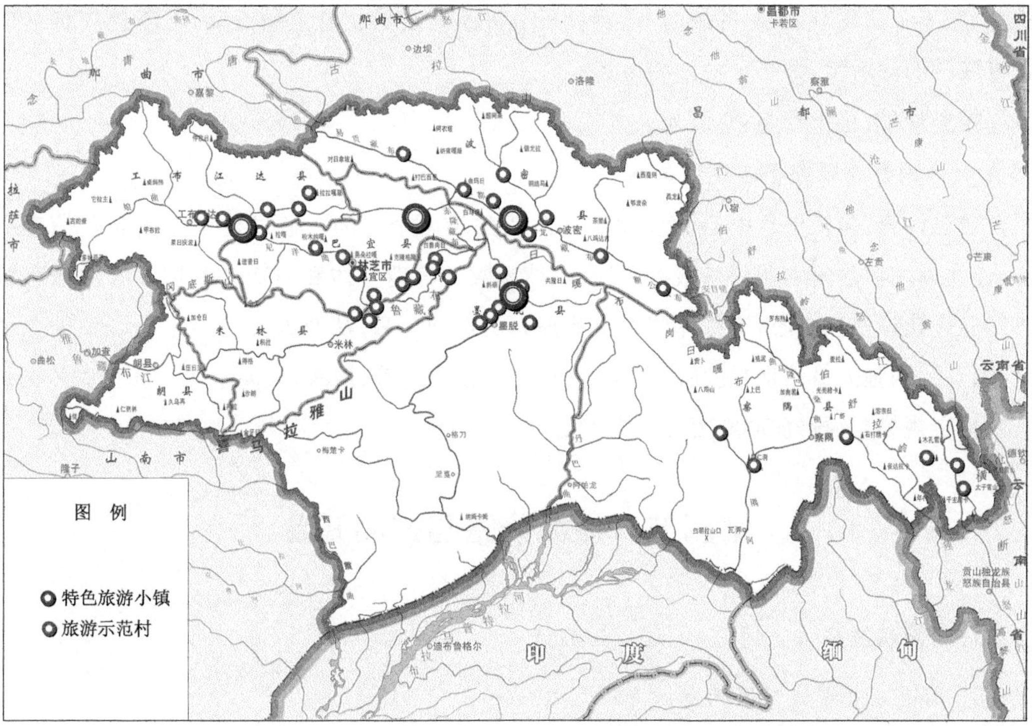

图 6-3　特色小镇旅游示范村空间布局

4. 休闲农业示范项目建设工程

建设内容:包括休闲农业示范县建设工程和休闲农业示范点(村)建设工程两项。一方面,通过制定区(县)休闲农业发展规划和服务质量标准体系,完善基础设施建设,组织宣传推广活动,争取国家级休闲农业示范县项目;另一方面,选择符合区域功能定位和土地利用规划、产业发展规划和基本农田保护制度,并与现代农业发展紧密结合、主题鲜明、特色突出、文化内涵丰富、功能齐全、设施完善、市场认知度高、具有示范推广价值的园区、农庄及特色村(点),打造休闲农业示范点。

投资规模:总投资 1 亿元。

5. 休闲农业品牌开发建设工程

建设内容:主要包括农产品品牌建设工程和文化品牌建设工程两个方面。一方面,构建吸引游客的高品位休闲农业产品体系,从产品经营向品牌经营转变,培育一批具有地方特色、成规模、品质高、有一定影响力的农产品品牌;另一方面,深度挖掘丰富的乡土文化及民俗风情,通过创作传统剧目、编排民俗歌舞、历史风貌复原、科普知识整理、新技术新工艺展示、知识趣味创意等活动开发、包装、宣传,挖掘历史悠久传统文化,设计不同季节、不同主题的休闲农业线路和产品;再一方面,制订宣传推广计划,充分利用媒体、网络、博览会、交易会、推介会等手段,大力宣传推介林芝市特色休闲农业园区和线路。通过举办桃花节、工布文化节、大峡谷旅游节、黄牡丹节等系列乡村旅游主题活动,不断提高林芝市乡村旅游的知名度,带旺乡村旅游市场。

投资规模:总投资 5000 万元。

6. 休闲农业服务平台建设工程

建设内容:包括信息中心建设和人才队伍建设两个方面。通过建设休闲农业信息中心,建立林芝市休闲农业信息服务系统,为休闲农业经营主体和消费者提供综合性信息服务。通过建设培训中心,实施休闲农业管理人员培训工程、从业人员培训工程以及创业培训工程等,加强人员培训,提高服务质量,培育一批会经营、懂管理、高素质的新型农牧民。

投资规模:总投资 5000 万元。

第四节　旅游线路与产品开发

(一)旅游线路

1. 国道 318 雪域田园观光旅游线

以国道 318 为乡村旅游骨干线路,贯通波密县、米林县、巴宜区、工布江达县,通过连接沿线特色村镇、乡村旅游景区、度假区、休闲农业基地等，构建具有高原雪域特色的田园观光旅游线路。

2. 国道 219 秘境探险观光旅游线

规划期内，国道 219 在林芝全线贯通后，将成为串联朗县、米林县、墨脱县和察隅县的旅游骨干线路，贯通"大理—察隅—墨脱—米林—朗县—山南—拉萨"，有望成为西部旅游的经典品牌线路，与市内外景区形成联动，带动乡村旅游发展。

3. 都市休闲农业内环线

机场专用通道、雅鲁藏布江北岸旅游公路与 219 国道、岗派公路连接，连接建设中的省道 504，串联起沿线布局的城郊蔬菜产业、林果产业、粮油产业、畜牧产业等都市休闲农业园区，构建林芝都市休闲农业内环线。

4. 莲花秘境禅茶朝圣旅游环线

国道 318、国道 219 与扎墨公路等相连，形成"派镇—墨脱—达木—扎木—古乡—通麦—鲁朗—派镇"旅游线路，连接墨脱镇、达木珞巴民族乡以及米林派镇、波密扎木、古乡和通麦、巴宜鲁朗几个节点，串联起沿线发展区的墨脱热带风情农庄、达木珞巴民族风情小镇等节点。

（二）产品开发

1. 休闲观光度假游

融合自然景观、农业景观、人文景观、乡村景观、民俗景观等观光旅游资源，开发综合性、高品质的观光游览类旅游产品，如以千年生肖树、世界柏树王园林、千年核桃王、千年古桑树等为代表的特色农作物观赏类旅游产品；以桃花沟、仰卧沟杜鹃林、墨脱梯田、果果塘高山茶场等为代表的农业景观类旅游产品；以拉贡塘高寒牧场、工布江达藏猪现代畜牧业观光基地等为代表的农业观光体验类旅游产品等。

2. 康体养生休闲游

林芝拥有丰富的药用植物资源，可将藏药养生文化与乡村旅游结合，开发康体养生休闲游。在地热资源丰富的区域，可与藏医药养生相结合，开发藏药浴等康体养生休闲项目。

3. 特色小镇休闲游

将优美的景观、草甸、湿地和乡村以及成群的牛羊与独特的文化氛围和特色小镇建设相结合，开发特色小镇休闲旅游产品，如以鲁朗为代表的国际旅游小镇和以达木为代表的民族风情小镇。

4. 民俗文化体验游

依托林芝现有的人文历史景区，如秀巴古堡、太昭古城、巴尔曲德寺、冲康庄园等，向国内外的观光、探险或宗教朝觐旅游者提供具有地域特征和民族特色的餐饮、住宿、向导、驮运等服务，开发民俗文化体验游产品。

（三）商品开发

1. 旅游商品体系

旅游购物是提高旅游业总体效益和创汇的主要途径之一。旅游商品还可以充当对外宣传、品牌推广的重要物质载体。林芝市可开发的乡村旅游商品资源非常丰富，具体分为特色农产品和特色工艺品两大类，详见表 6-3。

表 6-3　林芝市乡村旅游商品资源分类汇总

类别		内容
特色农产品	藏药材	虫草、天麻、藏贝母、石斛等
	食用菌	松茸、青冈菌、灵芝菌、黑木耳等
	农产品	辣椒、青稞等
	干鲜果	苹果、葡萄、枇杷、芭蕉、柠檬、猕猴桃、核桃等
	畜产品	藏猪、牦牛、藏鸡等
	加工品	糌粑、酥油、茶叶、辣椒制品、核桃油、菜籽油等
	酒类	青稞酒、黄酒、鸡爪谷酒等
特色工艺品	传统手工艺品	石锅、木碗、藏刀、弓箭、藏香等
	文化创意产品	与当地历史、民俗、民族、宗教文化相结合的文化创意类产品
	旅游纪念品	景点门票、笔记本、钥匙扣等

2. 开发策略

(1)重点开发几种精品或特品

加大旅游食品和土特产品的研发投入，提升旅游食品和特色农产品的品质及档次。加强旅游商品的研发与设计，包括商品规模、种类、质地、造型、题材、花色、包装等。把握不同细分市场游客的消费特点，兼顾不同文化背景、不同文化水平、不同职业构成、不同经济水平、不同年龄层次的游客需求。研发、生产几种富有本地特色的精品，用高品质、高档次的“精品”“特品”来激发高消费型游客的购物欲，增强游客的感知度及产品的知名度。应注意增强商品的视听冲击力，从造型、色彩、包装等方面进行新颖别致的设计，促使游客产生购物行为。

(2)强化旅游商品生产与销售管理

积极组织有关部门和专家对旅游商品生产与销售工作进行具体而完备的规划，使之有组织、有计划、有目的地开展工作，减少生产与销售中的盲目性与重复性。加大旅游商品营销力度，树立商品品牌。建立旅游商品网络平台，扩大旅游购物宣传。探索特许经营，发展林芝特色旅游购物连锁店或者专卖店。

(3)加强政府主导,扶持培育龙头企业

积极培植几家旅游商品定点生产企业。从政策、资金、人力、税收等方面扶持和培育几家旅游工艺品定点企业及旅游食品生产企业。培植特色农产品和特色工艺品生产专业村、专业乡等。

第五节　民族文化传承与保护

(一)主要内容

民族文化是各民族在其历史发展过程中创造和发展起来的具有本民族特点的文化,包括了物质文化和精神文化两个主要方面。饮食、住宅、衣着、生产工具属于物质文化的内容;语言、文字、科学、文学属于精神文化的内容。林芝市地理位置偏远、历史上交通闭塞,数千年来基本完好地保存和传承了丰富而又独特的文明,详见表 6-4。

表 6-4　林芝市民族文化资源分类汇总

类别	内容
传统民居	传统古村、珞巴民居、门巴民居等
传统服饰	工布服饰、门巴服饰、珞巴服饰等
传统饮食	酥油茶、糌粑、风干牛肉等
民间娱乐	赛马、摔跤、抱石头、斗牛等
民间文艺	锅庄舞、门巴族舞蹈、珞巴族舞蹈等
节日庆典	藏历新年、雪顿节、望果节、燃灯节、沐浴节、赛马节、雅鲁藏布大峡谷文化旅游节等
传统礼仪	献哈达、磕长头、敬酒茶、馈赠、敬老、敬语和称谓等
宗教信仰	藏传佛教、苯教、天主教

(二)保护方法

在全球经济一体化和世界文化融合的今天,林芝特有的人类文明正在不同程度地消退和流失,尤其是随着青藏铁路的开通、外来人口的大量涌入、现代文明的飞速扩张、城市化等影响因素,使林芝民族文化的传承与保护面临着许多困难。

1. 以民族文化为乡村旅游重要产品

民族文化通过整理、开发,与乡村旅游结合起来,充当乡村旅游的特色项目,形成乡村旅游产品的重要组成部分,在促进乡村旅游发展的同时也得到了“复活”。如藏医药是林芝市民族文化的重要代表之一,其保健养生功效在游客心中具有广泛吸引力。在乡村旅游开发中可以藏医药产地为平台,以藏医药养生为乡村旅游卖点,如此一来乡村旅游就有了特色,旅游吸引力也就大大加强。而藏医药这一民族文化也在此过程中得到有效的传播、发展和传承保护。

2. 传承保护与开发利用互为手段

乡村是中华民族传统文化的发源地，林芝丰富的民族文化也根植于广泛的乡村地区。由于经济欠发达、观念意识落后，农牧民对民族文化保护、传承上意识还处于自发阶段，比较淡薄，提高乡村农牧民对非物质文化遗产的保护意识是关键。引导广大农产品参与到乡村旅游产业中，积极开发利用非物质文化遗产的经济价值产生经济效益，使得农牧民从中获益，是提高农牧民观念意识、切实传承保护民族文化的重要手段。

3. 设立民族文化保护基金

乡村旅游业的发展使得游客对传统艺术的需求迅速扩大，部分传统技艺传承人可能会放弃对艺术的精益求精的传统，或追求产品的产量，或迎合旅游者的口味，因而导致艺术水平降低和民族与地方风格的削弱，因此有必要设立“民族文化传承与保护基金”，保护林芝传统民族文化制品的制作单位和技艺传承人。

4. 推进民族文化保护工程

围绕具有特色的民族文化进行挖掘、整理和旅游开发，有利于民族文化传承保护工作的开展。采取措施对辖区内现有古建筑进行修缮、维护，提升其历史价值、艺术价值与旅游观光价值。开发有浓郁地方特色的旅游商品与娱乐、餐饮活动，展示门路风情民俗与传统文化。

第六节　投资估算与效益分析

(一)投资估算

林芝休闲农业与乡村旅游产业重点项目投资估算如表 6-5 所示。预计总投资 181000 万元；资金筹措如表 6-6 所示，资金来源以中央及市级财政投资、涉农援藏资金及项目投入为主导，企业投资、民间资本为辅。

表 6-5　重点项目投资估算　单位：万元

重点项目	投资年份								投资总额（万元）
	2018	2019	2020	2021	2022	2023	2024	2025	
林芝高原生态休闲农业综合示范区	3000	3000	3000	2000	1000	1000	1000	1000	15000
雅江峡谷百里雪域花海开放式农业公园	1000	1000	500	100	100	100	100	100	3000
南伊沟藏医药特色健康旅游示范园	3000	3000	1000	1000	500	500	500	500	10000
林芝“西藏(雪域)茶乡”茶博园	3000	3000	1000	1000	500	500	500	500	10000

续表

重点项目	投资年份								投资总额（万元）
	2018	2019	2020	2021	2022	2023	2024	2025	
易贡藏密茶旅文化体验园	3000	3000	1000	1000	500	500	500	500	10000
墨脱秘境茶文化风情观光园	3000	3000	1000	1000	500	500	500	500	10000
工布江达高原现代畜牧业观光基地	3000	3000	1000	1000	500	500	500	500	10000
喜马拉雅热带风情休闲农庄	2000	2000	1000	1000	500	500	500	500	8000
邦杰塘温泉度假观光牧场	2000	1500	500	500	200	100	100	100	5000
拉贡塘游牧生活体验牧场	2000	1500	500	500	200	100	100	100	5000
青藏高原梯田水稻观光园	800	800	500	500	100	100	100	100	3000
休闲农业园区标准化提升工程	3000	3000	1000	1000	500	500	500	500	10000
乡村旅游特色村标准化提升工程	3000	3000	1000	1000	500	500	500	500	10000
乡村旅游特色小镇建设工程	20000	20000	5000	3000	1000	1000	1000	1000	52000
休闲农业示范项目建设工程	3000	3000	1000	1000	500	500	500	500	10000
休闲农业品牌开发建设工程	2000	1500	500	500	200	100	100	100	5000
休闲农业服务平台建设工程	2000	1500	500	500	200	100	100	100	5000
合计									181000

表 6-6　重点项目资金筹措

重点项目	投资总额（万元）	国家财政投资（万元）	地县配套（万元）	企业自筹/投工投劳（万元）
林芝高原生态休闲农业综合示范区	15000	9000	4500	1500
雅江峡谷百里雪域花海开放式农业公园	3000	1800	900	300
南伊沟藏医药特色健康旅游示范园	10000	6000	3000	1000
林芝“西藏(雪域)茶乡”茶博园	10000	6000	3000	1000
易贡藏密茶旅康养体验园	10000	6000	3000	1000
墨脱秘境茶文化风情观光园	10000	6000	3000	1000
工布江达高原现代畜牧业观光基地	10000	6000	3000	1000
喜马拉雅热带风情休闲农庄	8000	4800	2400	800
邦杰塘温泉度假观光牧场	5000	3000	1500	500
拉贡塘游牧生活体验牧场	5000	3000	1500	500
青藏高原梯田水稻观光园	3000	1800	900	300
休闲农业园区标准化提升工程	10000	6000	3000	1000
乡村旅游特色村标准化提升工程	10000	6000	3000	1000
乡村旅游特色小镇建设工程	52000	31200	15600	5200
休闲农业示范项目建设工程	10000	6000	3000	1000
休闲农业品牌开发建设工程	5000	3000	1500	500
休闲农业服务平台建设工程	5000	3000	1500	500
合计	181000	108600	54300	18100

(二)效益分析

1. 经济效益

规划期内预计总经济效益为305600万元。到2020年完成近期目标,预计总经济效益为30800万元,到2025年完成总目标,预计总经济效益为56700万元。具体项目经济效益估算见表6-7。

表6-7 重点项目经济效益估算

重点项目	2020年	2025年	总效益(万元)
林芝高原生态休闲农业综合示范区	3500	6000	34000
雅江峡谷百里雪域花海开放式农业公园	3000	5500	30000
南伊沟藏医药特色健康旅游示范园	3500	6000	34000
林芝"西藏(雪域)茶乡"茶博园	3000	5500	30000
易贡藏密茶旅康养体验园	3000	5500	30000
墨脱秘境茶文化风情观光园	3000	5500	30000
工布江达高原现代畜牧业观光基地	3000	5500	30000
喜马拉雅热带风情休闲农庄	2200	4300	21900
邦杰塘温泉度假观光牧场	2200	4300	21900
拉贡塘游牧生活体验牧场	2200	4300	21900
青藏高原梯田水稻观光园	2200	4300	21900
休闲农业园区标准化提升工程	—	—	—
乡村旅游特色村标准化提升工程	—	—	—
乡村旅游特色小镇建设工程	—	—	—
休闲农业示范项目建设工程	—	—	—
休闲农业品牌开发建设工程	—	—	—
休闲农业服务平台建设工程	—	—	—
合计	30800	56700	305600

2. 社会效益

休闲农业是农业与旅游业的结合,旅游业强大的带动作用可促进农业快速增长、农村环境改善、农牧民收入提高,为我国新农村建设注入新的活力,是实现乡村振兴战略的重要手段。

西藏自治区因其独特的地理位置和浓郁的民族风情成为国内外知名的热点旅游目的地,每年都吸引众多游客前来观光、探险、摄影、猎奇。而林芝作为西藏海拔最低、气候最温暖、含氧量最高、高原反应最不明显的地区,素有"高原氧吧""西藏江南"的美誉,在游客心目中早就形成了"畅游西藏,从'林'开始"的旅游形象。独有的自然景观和独特的地理环境与特色高原农业、特有民俗风情结合，科学合理地开发规划独具高原特色的休闲农业园区，在全国乃至世界范围内实现差异化、特色化经营，休闲农业必将成为带动全市社会经济、旅游产业迅速发展的重要产业。

3. 生态效益

本规划的编制严格遵守林芝市建设全域生态旅游示范区的总体方向指引，所安排的休闲农业与乡村旅游项目将会有力保护和改善本地生态环境与生态资源。首先，通过整合土地资源，建设农业园区，增加植被面积，净化大气和水质，优化生态环境；其次，坚持开发利用与保护相结合的发展理念，产业发展为生态建设提供资金支持；最后，随着产业的发展，人们对生态价值的认识不断深入，农牧民与旅游者的环保意识得到进一步强化。另外，在增强林芝市生态涵养功能的同时，还能有效提升城乡建设水平，为产业发展创造有利条件，为林芝市树立一个绿色生态的乡村旅游品牌形象。

(三)进度安排

重点项目进度安排见表 6-8。

表 6-8　重点项目进度安排

重点项目	2018—2020 年			2021—2025 年				
	2018	2019	2020	2021	2022	2023	2024	2025
林芝高原生态休闲农业综合示范区	○	○	○	○	○			
雅江峡谷百里雪域花海开放式农牧业公园	○	○	○	○	○			
南伊沟藏医药特色健康旅游示范园	○	○	○	○	○			
林芝“西藏(雪域)茶乡”茶博园	○	○	○	○	○			
易贡藏密茶旅文化体验园	○	○	○	○	○			
墨脱秘境茶文化风情观光园	○	○	○	○	○			
工布江达高原现代畜牧业观光基地	○	○	○	○	○	○	○	○
喜马拉雅热带风情休闲农庄	○	○	○	○	○			
邦杰塘温泉度假观光牧场	○	○	○	○	○	○	○	○
拉贡塘游牧生活体验牧场	○	○	○	○	○	○	○	○
青藏高原梯田水稻观光园	○	○	○	○	○			
休闲农业园区标准化提升工程	○	○	○	○	○	○	○	○
乡村旅游特色村标准化提升工程	○	○	○	○	○	○	○	○
乡村旅游特色小镇建设工程	○	○	○	○	○	○	○	○
休闲农业示范项目建设工程	○	○	○	○	○	○	○	○
休闲农业品牌开发建设工程	○	○	○	○	○	○	○	○
休闲农业服务平台建设工程	○	○	○	○	○	○	○	○

注：表中○代表项目工程期限与实施进度安排。

第七章　支撑服务体系建设

为确保本规划的顺利实施,需要重点建设以下五大支撑体系。

第一节　农业科技推广服务体系

(一)发展现状

林芝市不断注重农业科技推广服务建设,同时也注重加强科技培训教育工作。“十二五”期间,农牧民技能技术培训工作领导小组办公室累计整合各类培训资金 2423 余万元,开展培训 229 期,培训农牧民超过 2.12 万人,其中就业创业和就业再提高培训 118 期,培训超过 5970 人,培训后就业率达 88.6%;全市累计实现农牧民转移就业 25.13 万人,实现劳务收入 6.84 亿元。2017 年,共开展农牧民技能提升培训班 82 期,培训 6348 人。但也存在着公共服务体系平台的搭建还不健全,缺乏例如引导和推动产业集群建立行业协会、信息网站和物流市场、技术研发中心、产品质量检测中心、人才培训等中小企业公共服务平台等有利于特色产业发展的公共服务平台体系的构建,特别是中小企业公共技术服务平台的建设。

(二)发展思路

农业科技推广体系建设是加快农业科技进步、开拓现代农业新局面的重要措施。结合本地农牧民对农业科技的需求,改变过去只提供产中服务的方式,实行产前、产中、产后全程技术服务。在农技推广服务过程中,采取点面结合的方法,点上通过建立示范片,抓好示范户,给农牧民起到示范作用。面上通过举办专家技术培训、印发农技资料、设立服务热线等方式,给农牧民起到引导作用。

(三)发展目标

制定优惠政策,鼓励农技人员开展农技承包服务,形成市、乡(镇)、村 3 级农业技术推广服务网络,提高农业科技贡献率,确保农业技术推广普及率达到 90%以上,每年培训农村实用人才 1 万人次。

（四）重点建设内容

1. 农技推广实验示范基地

依托市农业技术推广中心，建立与农机农艺科研单位协作攻关机制，投资建立占地300亩的农技推广实验示范基地，按照“基地＋合作社＋农牧户”的产业化经营模式，积极发展生态高效农业，探索和推广新型集约化高效种植模式，并为全市农牧户和农业园区提供种苗、技术指导及农产品销售服务。

2. 新型农村实用人才培训项目

发展和壮大龙头企业、农民专业合作组织、种养大户、家庭牧场，建设和完善林芝新型农业经营体系。到2025年，农牧民入社率达到60％，产业化经营率达到50％，创建国家级和自治区级农牧民示范专业合作社共8家，培育扶持国家和自治区级农业产业化龙头企业共6家、市级产业化龙头企业16家；以全面提高农牧民素质、培养“职业化、技能化、经营化”新型农牧民为目标，“十三五”期间计划开展新型农牧民培训2.3万人以上，培养新型职业农牧民2000人以上，其中农牧民技术骨干300人、农业经营与管理人员300人，积极建设各市区农民田间学校与实训基地。

3. 农业科技创新工程、现代农业示范工程、“互联网＋”农业工程

以扶持优势科研单位提高创新能力为中心，以关键技术攻关为突破口，以科技成果转化为重点，以信息化服务为手段，推动学科向产业聚集，技术向产品聚集，全面提升林芝市农业科技基础实力、创新能力、转化能力和服务能力，到2025年，全市科技对农业的贡献率达到50％以上，开启林芝市创新型农业发展方向。

4. 农业科技人才培养计划

对接自治区农业人才引进、奖励和补助基金，充分利用广东对口援藏人才和智力援助项目，在“十三五”期间全市引进、选拔、培养主导产业农业科研带头人，建立多个农业科研创新团队；培养100名专业技术骨干、200名农牧民技术指导员。继续加强基层农技服务机构建设，改善推广条件，提高人员素质，鼓励大中专及高校涉农专业毕业生充实基层农技推广队伍，全面提升公共服务能力。

表7-1为科技支撑与新型农民培训体系重点建设项目规划。

表 7-1 科技支撑与新型农民培训体系重点建设项目规划

项目名称	建设内容	建设地点	投资(万元)	建设时间(年)
农技推广实验示范基地	依托市农业技术推广中心,建立与农机农艺科研单位协作攻关机制,投资建立占地 300 亩的农技推广实验示范基地	林芝市	2000	2018—2025
生产经营型农牧民培育工程	购置培训相关设备与资料,培训生产经营型农民、专业技能型职业农民、社会服务型职业农民、基层农技人员和重点龙头企业高管等共 2 万人次	林芝各市(区)	5000	2018—2025
农业科技人才培养工程	(1)科技研发和推广基金。每年选拔一批农牧业科研骨干人才,并给予科研和农业科技推广专项经费支持。(2)人才培训基金。每年安排一批农业科技人员、选拔一批有知识的农牧民进修学习。(3)人才引进基金。引进农业科技人才到西藏工作、服务,提供良好的工作条件、给予优厚的生活待遇。(4)人才奖励基金。建立考评标准,对农业科技创新和技术推广做出贡献的人才给予奖励。(5)人才补助基金。分地区制定补助标准,对在基层一线工作服务达到一定年限的技术人员、援藏技术人才、大学生志愿者给予生活补助	全市	8000	2018—2025

第二节 农业信息服务体系

(一)发展现状

林芝市农业信息化服务模式实施已初见成效,在搞好政府办公网、局域网、农业信息网,融农、林、牧、水、企业于一体的电子信息资源库的同时,开通了农业科技信息化服务热线,建立农产品供求信息网络、实用技术咨询网站、快速致富信息查询网站、农产品价格网站,农作物病虫害、禽畜疫病防治信息指导网站。在此基础上,逐步加大信息采集和发布量,利用电商大数据资源,使农业信息网的功能得以充分发挥。

(二)发展思路

立足服务“三农”,以促进产业发展、农牧民增收、农业增产为核心,以提升农村信息化技术服务水平为工作目标,建设覆盖市、乡(镇)、村的 3 级农业信息服务网络,发展基于农业物联网的智慧农业,集互联网、电话网络、手机短信、村级信息服务点、电商等多层次、多形式的互联互动、连接市场、覆盖城乡的农业信息化服务体系。

(三)发展目标

到规划期末,农业信息服务平台实现 100%联网,市级农业信息服务平台 1 个,乡镇信息服务平台 12 个,村级农业信息服务点 30 个。发展专兼职农村信息员 100 人。农村电商服务平台 300 个。智慧农业物联网应用示范基地 1 个。

(四)重点建设内容

1. 农业科技 110 服务平台

利用现有科技手段,通过整合科技资源和服务方式,建设 1 个中心、7 个综合服务站、50 个村级农业科技服务点,由 40 名中高级专家服务队伍、100 名科技服务联络员,形成全市 12 个乡(镇)、50 个示范村,市、乡、村三级联合的农业服务体系。充分利用通讯运营公司的技术设备和农业部门的科技资源,以现代信息传输设备和现代传播手段,将惠农政策、农业生产实用技术、农作物病虫害防治技术、农产品价格信息等,通过农业科技 110 服务人员审核后,将信息传递给农牧民,实现信息共享,及时为农民提供政策、生产技术、销售、气象等信息服务,推动科技信息在广大农村低成本、高效率传播,实现农业科技在农民致富中的快速反应和零距离服务功能。

2. 农村电商服务平台

以国家和自治区实施“互联网+精准扶贫”战略为契机,把发展农牧区电子商务作为商务部门实施精准扶贫、促进贫困地区群众脱贫致富的重要路径来抓。一是培育电商扶贫创客群体。建设林芝市电子商务众创空间和各县电子商务公共服务中心,发挥电子商务对农业发展和农牧民增收的促进作用,鼓励和引导有技术有意向的农村贫困户和返乡大学生进行电商创业,鼓励各类商贸企业进行创业创新,实施以电商助残扶贫、巾帼电商脱贫、青年电商创业培育为主题的专项行动,帮助有条件的贫困户开办网店、销售农特产品,鼓励农牧区经纪人、种养大户、农业合作组织加盟知名电商平台销售农牧产品或自建农产品电子商务平台开展网上交易。二是加大人才培训就业力度。鼓励电商龙头企业安排适当产品、适当岗位帮助贫困户实现就业,优先为农村贫困户提供电商创业培训和指导。利用与供销 E 家、邮乐购、阿里村淘、京东商城等区内外电商企业对接契机,完善各县电商公共服务中心、乡服务站和村服务点功能及配套设施,开展“驻村干部农村电子商务专题培训”“供销合作组织农村电子商务专题培训”“农村电商物流专题培训”等一系列电商物流技能培训,为贫困乡村网店开设和运营提供技术支持和专业服务,彻底解决贫困群众不识电脑、不会网购、不懂电商的问题,积极示范、引领贫困群众利用农村电子商务创业、就业和增收,提高贫困群众发展电子商务的积极性和主动性,提高电子商务脱贫致富的能力和素质。三是加快乡村宽带网络工作建设。协调电信、移动、联通等有关部门对乡村网络进行安装和调试,争取村村有网络、户户通网络,计划到 2020 年,实现全市行政村宽带接入率达 100%。

3. 农业信息化工程

以自治区“西藏农信息网”和地(市)、市(区)、乡(镇)农技服务机构为依托,建立农业信息服务公共平台，配备专业技术人员和相关设备，开展信息收集、整理、分析、预测、发布等工作；建立信息化应急管理系统、电子政务系统。

4. 智慧农业物联网应用示范基地

通过建设智慧农业物联网应用示范基地，将园区内的设施蔬菜大棚、种植基地、畜禽水产养殖基地实现智能化、数字化、网络化管理，广大公众通过互联网即可实时了解该园区的生产、溯源农产品质量等信息情况。第一期启动基础设施工程、种植示范区、设施蔬菜生产示范区、设施园艺生产示范区、水生种养综合示范区、生态养殖示范区建设；第二期启动园区综合管理服务区、农产品加工与物流区、农业科技研发孵化区建设。

表 7-2 为农业信息服务体系重点建设项目规划。

表 7-2　农业信息服务体系重点建设项目规划

项目名称	建设内容	建设地点	投资（万元）	建设时间（年）
农业科技 110 服务平台	形成全市 12 个乡（镇）、50 个示范村，市、乡、村三级联合的农业服务体系。以现代信息传输设备和现代传播手段，将惠农政策、农业生产实用技术、农作物病虫害防治技术、农产品价格信息等，通过农业科技 110 服务人员审核后，将信息传递给农牧民，实现信息共享，及时为农牧民提供政策、生产技术、销售、气象等信息服务	全市	5000	2018—2025
农村电商服务平台	以“互联网＋”的发展模式，搭建集销售、物流、管理为一体的 3 级农村电商服务平台，解决农村电商“最后一公里”的问题	各县（区）	10500	2018—2025
农业信息化工程	以自治区“西藏农信息网”和地（市）、市（区）、乡（镇）农技服务机构为依托，建立农业信息服务公共平台，配备专业技术人员和相关设备，开展信息收集、整理、分析、预测、发布等工作；建立信息化应急管理系统、电子政务系统	全市	8000	2018—2025
智慧农业物联网应用示范基地	第一期启动基础设施工程、种植示范区、设施蔬菜生产示范区、设施园艺生产示范区、水生种养综合示范区、生态养殖示范区建设；第二期启动园区综合管理服务区、农产品加工与物流区、农业科技研发孵化区建设	巴宜区	8000	2018—2025

第三节　品牌与市场建设体系

（一）发展现状

林芝市着力提升产品品牌形象和市场竞争力，成立市特色产品地理标志产品申报领导小组，出台《林芝市特色产品地理标志产品保护目录》，积极开展“三品一标”认证工作。截至2017年,全市通过无公害农产品认证的企业共6家,产品18个;通过绿色产品认证的企业共2家,产品2个;通过有机产品认证的企业共3家,产品11个;通过地理标志农产品认证共10个。同时,林芝市积极推进农产品扩大出口工作,在争取创建安全示范基地和推进出口工作上下功夫、抓成效。据了解,2016年,区检验检疫部门为林芝市首批荣获省级出口食品农产品质量安全示范区的单位进行授牌,易贡茶场、墨脱县被授予"西藏自治区出口食品农产品(茶叶)质量安全示范区",林芝圣域农业综合有限公司被授予"西藏自治区出口食品农产品(苹果)质量安全示范区",填补了自治区省级出口食品农产品质量安全示范区建设的空白。

(二)发展思路

按照"培育塑造、营销推介、监管保护"的发展路径,坚持"一县一品"和"一个产业一个主导品牌"的思路,进一步夯实品牌建设基础,提升品牌培育能力。支持全市各级政府发展优势产业和特色农业,以产业化为动力,加快农业品牌和市场推广体系建设。

(三)发展目标

到2025年,力争全市农产品的中国驰名商标数量达到20个以上、区级名牌数量达到20个以上,"三品一标"生产基地认证(定)面积达到40%。

(四)重点建设内容

1. 名优特色品牌塑造培育

按照"一个产业一个主导品牌"的思路,大力引导企业申报国家、省级龙头企业,驰名著名商标、有机食品认证。大力开展畜牧、茶叶、水果、食用菌等产业的品牌整合,以强大的品牌优势,逐步整合相应的品牌资源,形成具有国内竞争力和影响力的品牌,做强做大林芝市的优势农业产业。大力发展无公害农产品、绿色食品、有机食品和农产品地理标志,加强"三品一标"认证,推进"三品一标"认证基地集群化发展。

2. 加强宣传推介

品牌营销有助于传递品牌信息,提升品牌知名度,增强顾客购买意愿,提升品牌价值。加强农业品牌建设规划引导。搭建农业品牌宣传推介平台,整合全市媒体资源,以贡茶、苹果等区域公用品牌为重点宣传推介。整合地方优势特色农牧产品品牌,实行打包营销战略。由政府搭台,企业联合出资,与淘宝、京东、1号店等流行的大型电子商务企业联合,推出"林芝特产馆"。组织参加与品牌相关的国内外大型农业展览展示活动,如农产品交易会、博览会等产销对接活动。

重点实施品牌营销推介平台、品牌建设与产品推广平台两个项目,预计总投资7000

万元。

3. 市场流通体系建设

加强城镇商品市场体系建设，完善农牧区商贸流通服务网络。在加强高原特色农产品流通体系建设方面，应注重推动以下工作：一是加强乡镇农贸市场基础设施的建设，解决农产品买卖难的问题；二是培育壮大农产品批发市场；三是稳步推进万村千乡市场工程建设，安排资金建设配送中心和乡镇商贸中心；四是促进农产品流通体系建设；五是开展农产品流通骨干网络的试点建设；六是推动农村电子商务建设，通过电子商务实现线上线下结合，把农产品更多地推向国内国际市场。

表 7-3 为品牌建设与市场推广体系重点建设项目规划。

表 7-3　品牌建设与市场推广体系重点建设项目规划

项目名称	建设内容	建设地点	投资(万元)	建设时间(年)
品牌营销推介平台	整合全市媒体资源，以林芝贡茶、苹果等区域公用品牌为重点进行宣传推介，提升品牌价值	涉及全市	1000	2018—2025
品牌建设与产品推广平台	建设林芝特色林果、粮、畜产品体系，与淘宝、京东等大型电子商务合作，推出“林芝特产馆”	涉及全市	6000	2018—2025
市场流通体系建设	一是加强乡(镇)农贸市场基础设施的建设，解决农产品买卖难的问题；二是培育壮大农产品批发市场；三是稳步推进万村千乡市场建设工程，安排资金建立农家店、配送中心、乡镇商贸中心；四是促进农产品流通体系建设；五是开展农产品流通骨干网络的试点建设；六是推动农村电子商务建设，通过电子商务实现线上线下结合，把农产品更多地推向国内国际市场	涉及全市	5000	2018—2025

第四节　农产品质量安全体系

(一)发展现状

林芝市依托自身资源优势和不断努力，在农产品质量安全工作上取得了显著成效。2016 年，自治区出口食品农产品质量安全示范区在林芝市巴宜区正式授牌成立，这是自治区首个出口食品农产品质量安全示范区，它的成立填补了自治区在食品质量领域的“空白”，进一步推进农业标准化建设进程，有利于提升全市甚至全区食品农产品质量安全整体水平。

(二)发展思路

以安全生产为前提,以无公害农产品、绿色农产品、有机农产品、地理标志产品以及名牌农产品为重点,加快农产品品牌创建,形成一批知名度高、质量安全过硬的林芝品牌,突出林芝生态、纯净、独特的优势特点,彰显林芝的市场竞争力;强化农业基地和加工的标准化生产,在藏猪等重点产业和各产业龙头企业建成农牧产品全过程质量可追溯机制,确保广大消费者吃上"放心菜""放心肉";加强全市农产品质量安全检验检测体系建设,不断提高农产品质量检验检测能力和服务水平;强化农产品质量安全监督执法工作,为林芝农产品质量安全生产保驾护航。

(三)发展目标

到 2025 年,全市标准化生产覆盖率达到 40%。通过"三品"认证农产品 40 个,认定地理标志农产品 15 个。

(四)重点建设内容

1. 建立农业投入品监管体系

强化本地农产品全程监管,加大对农产品产地环境、农业投入品、生产过程、农产品产地准出、包装标识等方面的全面监管。开展农产品生产环境质量的例行监测和监督性监测,对无公害农产品产地、绿色食品和有机食品原料基地的环境质量进行监督性监测;建立种子和农药经营门市、兽药饲料门市的信用评价体系及台账制度,确保农牧业投入品质量;严肃查处生产过程中的违规、违法使用农牧业投入品和非法添加国家禁止添加物的行为,确保生产过程安全可靠;对农产品生产企业和农牧民专业合作组织的原料基地进行抽检,对无公害农产品、绿色食品、有机食品、市名牌农产品、地理标志产品进行监督性抽检;依据《农产品包装标识管理办法》,在全市范围内启动农产品包装标识推广计划。在全市开展无公害农牧产品、绿色食品、有机农产品规范用标专项检查。

2. 构建农产品标准化生产实施体系

启动和推进农业标准化示范区建设,制定和完善林芝生产标准、产品等级标准等,按照"预防为主、源头治理、全程监管"的原则,鼓励支持龙头企业、农民专业合作组织和种养大户、家庭农场率先实行标准化生产,全面推进统一环境质量、统一生产技术、统一农资供应、统一监测方法、统一产品标识操作规程,在全市形成以粮油、蔬菜、肉蛋奶等产品为先行的农产品标准生产体系,保障农产品质量安全。

3. 建立农产品质量认证和检测体系

——大力推进"三品一标"认证:组建无公害农产品、绿色食品、有机农产品、名牌农产品“四位一体”的农产品质量安全认证服务机构，全面开展对无公害农产品、绿色食品、有机农产品、名牌农产品以及地理标志农产品的认证工作，实现林芝健康原产地保护。通过加快农产品质量认证和产地认定，全面提高农产品质量安全水平。

——提高农产品质量安全检测体系："十三五"期间，完成朗县、工布江达、察隅和墨脱4县的农产品质量检测站建设，继续加强全市检测人员和执法人员队伍建设，不断提高农产品质量检验检测能力。

4. 逐步建立农产品质量安全可追溯体系

按照统一规划、分区编码、数据共享、通查通识的原则，构建农产品质量安全追溯管理系统，建立农产品质量安全追溯信息平台和数据库，建立健全产品追溯系统责任制；开展农产品质量安全示范县创建工作，建立终端农产品质量安全可溯源信息点，推行标准化示范工作、投入品的可追溯管理、生产环节的可追溯管理。按照先试点再全面推进的方式，先在通过“三品一标”认证的生产企业、产业化龙头企业和示范合作社中进行可追溯试点示范，结合农产品质量安全示范县建设，实现对农业投入品、生产环节、产出品的可追溯。

5. 强化农业安全生产管理体系

坚持安全发展理念，坚持“安全第一、预防为主、综合治理”的方针，进一步强化安全发展理念，强化安全生产责任制落实，狠抓安全隐患整改，深化安全生产专项整治，切实加强安全生产规章制度的建设，扎实开展农业安全生产各项工作。第一，加强安全宣传教育，强化安全发展意识；第二，建立健全安全生产责任制，制定和完善安全生产责任制，责任落实到人；第三，强化农畜产品质量安全监控，抓好农产品生产源头质量安全管理，实现农产品产前、产中、产后全过程质量控制，加大农业标准化实施力度，加强农技推广人员和生产者标准化知识的培训，严格按农业生产技术规程进行操作，全面提高农业标准化水平，抓好农业生产全程质量安全监督，确保农产品质量安全；第四，加强应急救援建设，增强突发事故应急处置能力，加强重大动物疫情应急救援队和重大植物疫病应急救援队建设。

表7-4为农产品质量安全体系重点建设项目规划。

表7-4　农产品质量安全体系重点建设项目规划

项目名称	建设内容	建设地点	投资(万元)	建设时间(年)
农产品质量安全监管网络平台项目	建设市级农产品质量安全网络监管中心50 m² 及监测点检测室500个，购置服务器、显示设备、网络安全设备等配套设施	林芝市	1000	2018—2025
农产品质量安全检验检测体系建设项目	建设农产品质量安全追溯系统，共设立市级数据中心1个，追溯点70个。在墨脱县、工布江达县、察隅县建设县级农产品质量安全检测站各1座，配套建业务用房，配套设备仪器115套	林芝市、察隅县、巴宜区、米林县、工布江达县、朗县、波密县、墨脱县	9000	2018—2025

第五节　农业机械化服务体系

(一)发展现状

“十二五”期间,林芝市农机总量持续增长,装备结构和质量大幅度提高,但是装备结构不合理、发展不平衡和效益低等问题逐步显现,先进适用的农机装备和技术有效供给严重不足;农机从业人员素质亟待提升,农机手老龄化现象严重,熟练机手及高素质的合作社领头人紧缺。多数农村作业服务组织还属于松散型合作,经营管理能力不强,交易成本、服务成本比较高。

(二)发展思路

强化政策支持,适应山地农业需求、产业多元发展的实际,优化农机装备结构,推广农机化新技术,建设农机管理服务体系,扶持发展农机化服务组织,强化农机安全监管,不断提高农机装备水平、作业水平、服务水平和安全水平。推进机械化作业和农机装备提升,扩大农业产出规模。

(三)发展目标

到2025年,农机总动力达到110万kW,主要农机装备数量稳步增长,装备结构更加合理,区域发展更加协调。主要农作物生产基本实现全程机械化,耕种收综合机械化水平达到90%以上。

(四)重点建设内容

1. 农机化创新集成示范项目

建立农机农艺科研单位协作攻关机制,适应山地农业需求、产业多元发展的实际,制定科学合理的机械作业规范和农艺标准,促进农机农艺融合。整合农业机械化科研资源,提高农业机械化技术集成和装备配套水平,促进机械化与信息化融合。加快普及主要农作物生产关键环节机械化生产技术,有针对性地推广一批适合机械化作业的品种和种植模式。大力推广精量播种、播种后镇压、化肥深施、高效植保、秸秆还田、深松作业、保护性耕作等清洁环保生产方式,积极推进农机节能减排,全面挖掘农业机械化节种、节肥、节药、节水、节能潜力,促进农业可持续发展。计划组织实施5～10类农机化创新示范项目,并安排资金进行扶持。

2. 农机规模化作业推进项目

继续采取以奖代补的方式,对依法登记注册、组织运行规范、作业面积大、服务能力强、安全生产程度高、与农民利益联系紧密、发展前景好的农机专业合作社(含农机维修类专业合作社)、农机专业化服务队、农机作业公司、农机租赁公司和家庭农场等主体进行奖励扶持,对积极参与农田托管、依法流转农民土地进行土地规模经营的申报主体,优先予以扶持,加强农机维修服务能力建设,提升农机维修服务保障区域辐射能力。

表 7-5 和表 7-6 分别为农业机械化服务体系重点建设项目规划和投资概算。

表 7-5　农业机械化服务体系重点建设项目规划

项目名称	建设内容	建设地点	投资(万元)	建设时间(年)
农机化创新集成示范项目	计划组织实施 5～10 类农机化创新示范项目,并安排资金进行扶持	全市	1000	2018—2025
农机规模化作业推进项目	采取以奖代补的方式,对符合要求的农机专业合作社(含农机维修类专业合作社)、农机专业化服务队、农机作业公司、农机租赁公司和家庭农场等主体进行奖励扶持,对积极参与农田托管、依法流转农民土地进行土地规模经营的申报主体,优先予以扶持,加强农机维修服务能力建设,提升农机维修服务保障区域辐射能力	全市	6000	2018—2025

表 7-6　农业机械化服务体系重点建设投资概算　　单位:万元

项目名称	2018—2020 年	2021—2025 年	投资总额
农技推广实验示范基地	1400	600	2000
生产经营型农民培育工程	3500	1500	5000
农业科技人才培养工程	5600	2400	8000
农业科技 110 服务平台	3500	1500	5000
农村电商服务平台	7000	3500	10500
农业信息化工程	5600	2400	8000
智慧农业物联网应用示范基地	5600	2400	8000
品牌营销推介平台	700	300	1000
品牌建设与产品推广平台	4200	1800	6000
市场流通体系建设	3500	1500	5000
农产品质量安全监管网络平台项目	700	300	1000
农产品质量安全检验检测体系建设项目	6300	2700	9000
农机化创新集成示范项目	700	300	1000
农机规模化作业推进项目	4200	1800	6000
合计	52500	23000	75500

第六节　现代农业项目环境影响评价

(一)林芝农业生态环境保护基础

林芝位于西藏东南部，北部有念青唐古拉山，中南部有喜马拉雅山，雅鲁藏布江及其支流深切于山岭之间。区内岭谷高差悬殊，育有多层次的山地生态系统，其中森林生态系统不仅类型多样，而且分布面积大，孕育了丰富的生物多样性资源。区内水系发育良好，流水量丰富，季节变异较小，水资源丰富。本区绝大部分土地保持原始自然状态，区内城镇、工矿数量少且规模小，农业用地中耕地、园地比重也很小，农业活动自身的生态调节功能并不显著。但生态环境保护对农业活动方式和强度的限制却十分突出。

在国务院常务会议审议并原则通过了《西藏生态安全屏障保护与建设规划(2008—2030年)》中，本区被列为藏东南和藏东生态安全屏障区。林芝生态环境很好，但仍然相当敏感和脆弱。不论是高寒草原还是热带、亚热带森林，在不适当的人类活动影响下极易发生退化、破坏，不仅威胁到农业自身的可持续发展，还会引发其他地区、其他方面的生态问题，而且恢复十分困难。因此本地区在发展农业的同时，应注重发展与保护相平衡，注重生态环境的保护和可持续性，加强水源涵养，保护生物多样性。满足生态环境保护和建设的要求是林芝农业发展的前提。

(二)农业的点、面源污染控制

凡是涉及自然保护区、湿地公园、森林公园范围内的请避让，不得在以上区域进行开发。为进一步加强畜禽养殖污染防治，保护和改善生态环境，促进林芝市畜禽养殖业持续健康发展，根据《中华人民共和国环境保护法》《中华人民共和国畜牧法》《畜禽规模养殖污染防治条例》《水污染防治行动计划》《关于加快推进农业清洁生产的意见》等法律法规的规定，结合林芝市实际，本规划提出以下3个途径，控制畜禽粪便对环境造成的点、面源污染的压力。

1. 区域划分

划分出禁养区、限养区和适养区。

(1)禁养区

畜禽养殖禁养区是指按照法律法规、行政规章等规定，在一定范围内，禁止建设规模化畜禽养殖场(小区)的区域。

①人口集中区域。林芝市区及规划区，各县、乡(镇)居民及规划区，不在建成区的机关、学校、科研(种养殖试验场除外)、医院、疗养院和其他文化体育场馆等区域边界向外扩

500 m 范围内的区域；集镇规划区、学校、医院、商业区等公共场所外扩 500 m 以内区域。

②饮用水水源地保护区。饮用水资源一、二级保护区内的陆地区域边界向外扩 500 m 范围内的区域，具体保护区为：×××水源保护区……

③重要水质功能区。全市境内主要河流起点至终点两岸向外扩 300 m 的陆地范围。具体河流为：××××××。

④自然文物历史遗迹保护区扩 800 m 以内区域，具体保护区为：×××××。

⑤风景名胜区边界向外延伸 500 m 范围内的区域，具体包括：山洪、泥石流、滑坡等自然灾害多发地带，自然环境污染严重的地区。

(2)限养区

限养区是指按照法律法规、行政规章等规定，在一定范围内，禁止建设规模化畜禽养殖场（小区）的区域。

①人口集中区域。林芝市区及规划区，各县、乡镇居民及规划区，不在建成区的机关、学校、科研（种养殖试验场除外）、医院、疗养院和其他文化体育场馆等区域边界向外扩 1000 m 范围内的区域；集镇规划区、学校、医院、商业区等公共场所外扩 1000 m 以内的区域。

②饮用水源保护区、重要水质功能区（含主要水库）、自然保护区、风景名胜区所划定的禁养区边界向外延伸 1000 m 范围内的区域。

(3)适养区

禁养区和限养区以外的其他区域原则上为林芝市的畜禽养殖适养区。

2. 安全生产措施

(1)加强农产品生产污染源头预防

加强对化肥、农药、农膜、饵料、饲料添加剂等农业投入品的监管，健全化肥、农药销售登记备案制度，禁止将有毒、有害废物用于肥料或造田。实施水产苗种生产许可制度，加强水产苗种监督管理，科学投饵，合理用药。加大对违法违禁生产、销售和使用高毒、高残留、有害农业投入品的处罚力度，营造生产、销售和使用安全农业投入品的良好氛围与环境。

(2)推进农业生产过程清洁化

①推广节肥节药节水技术。深入开展测土配方施肥、精准农业技术，鼓励农民开展秸秆还田、种植绿肥、增施有机肥。优化配置肥料资源，合理调整施肥结构，改进施肥方式，提高肥料利用率。科学合理使用高效、低毒、低残留农药和先进施药机械，配置杀虫灯，建立多元化、社会化病虫害防治专业服务组织，大力推进专业化统防统治，推广绿色植保技

术，进行病虫抗药性监测与治理，提高防治效果和农药利用率，减少农药用量。大力推广节水农业技术，不断提高水资源利用率，缓解水资源供给矛盾。

②发展畜禽清洁养殖。加快畜牧业生产方式转变，合理布局畜禽养殖场(小区)，推行农牧结合和生态养殖模式，实现畜牧业与种植业协调发展。科学配制饲料，规范饲料添加剂使用，提高饲料利用率，减少氮、磷等排放。制定畜禽养殖废弃物综合利用规划，推广雨污分流、干湿分离和设施化处理等先进适用的污染防治技术，以生猪、奶牛等标准化规模养殖场(小区)建设项目和大中型畜禽养殖场沼气工程为重点，加强粪污处理设施建设，推进畜禽废弃物的无害化治理和利用。

③推进水产健康养殖。制定和完善水产养殖环境技术标准，加强养殖水域滩涂规划和养殖证核发工作，加强水域环境监测力度，合理调整养殖布局，科学确定养殖密度。加快推进养殖池塘标准化改造，改善养殖环境和生产条件。建立标准化水产健康养殖示范场(区)，普及推广生态健康水产养殖方式。积极推广安全高效的人工配合饲料、工厂化循环水产养殖、水质调控技术和环保装备，减少污染排放。

3. 加大农业污染治理力度

(1)实施农田氮磷拦截

在现有农田排灌渠道基础上，通过生物措施与工程措施相结合，改造修建生态拦截沟，吸附降解农田退水中的营养元素，改善净化水质，促其循环再利用，减少农田氮磷流失。

(2)推进农村废弃物资源化利用

以村为单位，因地制宜地建设秸秆、粪便、生活垃圾、污水等废弃物处理利用设施，大力发展农村沼气，推进人畜粪便、生活垃圾、污水、秸秆的资源化利用。制定相关政策措施，加快农膜技术装备的推广应用，鼓励引导农牧民使用厚度大于0.008 mm的地膜，回收利用废旧地膜，解决农田“白色污染”。

(三)生态旅游与休闲农业发展的环境保护要求

林芝生态旅游和休闲农业的发展必须以生态保护为红线，以提高人民群众生活质量和提高农牧民收入为根本出发点，以农村农业自然生态环境保护、农业资源提升、田园景观改造、农业生产内容和乡土文化建设为重点，利用林芝的区位优势和资源优势，建立政府主导、市场运作、公众参与、生态环保的生态旅游和休闲农业发展新机制。

1. 坚持经济效益与可持续发展并举

在合理开发自然资源的基础上，坚持旅游开发与生态环境保护建设并重。充分认识保护资源与环境就是保护生产力。在此基础上，兼顾生态农业的经济效益，尽量降低生态旅游农业开发对环境的负面影响。将可持续发展理念贯穿到生态旅游农业开发中去,实现自然资源、旅游资源、农业资源的开发利用与生态环境的保护改善相协调。

2. 统筹协调与整体布局相连贯

林芝生态旅游和休闲农业的发展必须与现有的旅游产业进行统筹协调,使生态农业的产业发展与旅游产业发展能够优势互补,互动协调。在生态旅游农业产业内部形成层次化、多元化发展的总体格局。对生态旅游和休闲农业进行整体布局,保护林芝区域之间经济的协调发展与整体进步。

3. 政府指导与公众参与相结合

政府主导,强化监管,发展政策引导和统一协调作用,营造良好的政策环境,提供高效的公共服务。可通过宣传,加强游客的生态意识;加强规划,确定环境容量,防止盲目开发;适时建设游客废弃物收集和处理工程;建立规章制度,严格管理,可以做到在生态保护的前提下,适度开发。

第八章　项目投资与效益分析

第一节　项目投资

(一)投资估算

林芝市现代农牧业发展规划投资总需求 912172 万元。各工程项目投资估算如表 8-1 所示。

表 8-1　林芝市现代农牧业发展规划投资情况

项目名称	2020 年	2025 年	共计(万元)
林果产业	68850	59550	128400
现代畜牧业	48250	58750	107000
高原特色茶产业	69072	108400	177472
蔬菜产业	82180	44220	126400
藏药材产业	5000	10200	15200
农产品加工业	48300	52900	101200
休闲农业与乡村旅游产业	135600	45400	181000
支撑体系	52500	23000	75500
合计	509752	402420	912172

(二)筹资渠道

林芝市现代农牧业发展规划筹资渠道详见表 8-2。

表 8-2　林芝市现代农牧业发展规划筹资渠道

项目名称	投资总额(万元)	国家财政投资(万元)	地县配套(万元)	企业自筹/社会资本(万元)
林果产业	128400	34700	9650	84050
现代畜牧业	107000	30000	10000	67000
高原特色茶产业	177472	68672	21020	87780
蔬菜产业	126400	75840	37920	12640

续表

项目名称	投资总额（万元）	国家财政投资（万元）	地县配套（万元）	企业自筹/社会资本（万元）
藏药材产业	15200	4550	650	10000
农产品加工业	101200	23000	8000	70200
休闲农业与乡村旅游产业	181000	108600	54300	18100
支撑体系	75500	37750	37750	0
合计	912172	383112	179290	349770

第二节　效益分析

(一)经济效益

估算至2020年，各产业总经济效益可达250200万元；至2025年，各产业总经济效益可达720630万元。其中支撑体系内的公共基础设施投入不进行效益估算。各项目当年可达经济效益估算如表8-3所示。

表8-3　经济效益　　单位：万元

项目名称	2020年	2025年
林果产业	15500	32200
现代畜牧业	92400	299050
高原特色茶产业	5500	21150
蔬菜产业	30700	33330
藏药材产业	6400	12400
农产品加工业	68900	265800
休闲农业与乡村旅游产业	30800	56700
支撑体系	0	0
合计	250200	720630

(二)社会效益

本规划完成后，其社会效益十分显著。借助合理规划和科技助力，林芝的农业现代化水平将大大提高，农业的生产、服务、生态、社会四大功能都将显著增强。主要体现在以下几个方面：

①提升农业防灾减灾能力，减少农业生产过程中的资源浪费，合理利用和保护水资源、土地资源等，在保护环境的前提下促进当地农牧业发展。

②提高农产品自给率，保障新鲜蔬菜水果的供给，稳定农产品市场价格，降低当地农牧民的生活成本，提升生活品质。

③提高农副产品的产量和质量，保障食品安全，增加农产品附加值，拓宽产品外销渠道，切实为当地农牧民增收。

④涉农二、三产业，如加工业、旅游业、物流业将提供大量的就业岗位，切实解决当地农牧民的就业问题，增加经济收入。

⑤利于美丽乡村建设和当地民俗文化的传承，保障社会和谐稳定，切实提升当地农牧民的经济收入和生活品质。

⑥各方资金的投入，完善当地基础设施建设、产业的发展，农牧民收入的增加、素质的提升，为社会主义新农村的建设起到有力的推动作用。

(三)生态效益

本规划若能得到全面实施，将获得极大的生态效益。主要体现在以下几方面：

①合理发展林芝地区农牧业不仅仅有经济效益和社会效益，生态效益也相当可观，在经济发展的同时，不但保护了自然资源(尤其是生物资源)，还能促进生态自我恢复，保护生物多样性，保持住良好的生态环境和优美的自然景观，功在当代，利在千秋。

②在农业生产过程中，科学使用化肥和农药，节约水资源，提高资源利用率，减少废弃物的排放，养殖业的废水、废弃物科学处理，有效保护当地的生态环境，减轻农业污染，实现农业的洁净生产。

③林芝地区位置特殊，在防止水土流失和保护生态脆弱地区方面，农业的合理发展对当地意义重大。

④各类资源的合理开发和利用，当地的环境将得到全面改善和提高，对于生态环境的保护和修复将做出极大贡献。

第三节　投资项目清单

投资项目清单见表 8-4。

表 8-4　投资项目清单　　单位：万元

项目名称	投资总额	国家财政投资	地县配套	企业自筹/社会资本
林果产业	128400	34700	9650	84050
林果种植建设工程	23000	8000	2000	13000
标准化种植基地建设	58800	15000	5000	38800

续表

项目名称	投资总额	国家财政投资	地县配套	企业自筹/社会资本
良种繁育体系建设	1500	500	200	800
老果园标准化改造	18000	5000	1000	12000
野山桃嫁接工程	2500	500	100	1900
品牌建设	800	200	50	550
市场物流体系建设	23000	5000	1000	17000
培训工程	800	500	300	0
现代畜牧业	107000	30000	10000	67000
藏猪养殖基地	60000	18000	5000	37000
奶牛养殖基地	25000	8000	3500	13500
饲草料基地建设项目	16000	3500	1300	11200
颗粒饲料加工厂项目	6000	500	200	5300
高原特色茶产业	177472	68672	21020	87780
茶叶种植建设工程	164292	64292	20000	80000
茶叶加工建设工程	8400	2000	400	6000
茶叶品牌建设工程	600	300	100	200
茶叶良种繁育及推广基地建设	4000	2000	500	1500
培训工程	180	80	20	80
蔬菜产业	126400	75840	37920	12640
林芝现代蔬菜科技园区建设项目	49300	29580	14790	4930
波密县绿色精品蔬菜区建设项目	24000	14400	7200	2400
米林县绿色精品蔬菜区建设项目	24000	14400	7200	2400
工布江达县绿色精品蔬菜建设项目	7900	4740	2370	790
朗县标准化蔬菜基地建设项目	6250	3750	1875	625
察隅县标准化蔬菜基地建设项目	8700	5220	2610	870
墨脱县标准化蔬菜基地建设项目	6250	3750	1875	625
藏药材产业	15200	4550	650	10000
藏药材种植基地建设	14500	4000	500	10000
藏药材野生资源保护与生态抚育基地建设	500	400	100	0
野生藏药材驯化繁育中心建设	200	150	50	0
农产品加工业	101200	23000	8000	70200
特色农产品精深加工产业园	51000	12000	4000	35000
茶叶综合加工示范区	9200	2000	800	6400
藏猪综合加工示范区	27000	6000	2000	19000
优质农产品加工基地	14000	3000	1200	9800

续表

项目名称	投资总额	国家财政投资	地县配套	企业自筹/社会资本
休闲农业与乡村旅游	181000	108600	54300	18100
林芝高原生态休闲农业综合示范区	15000	9000	4500	1500
雅江峡谷百里雪域花海开放式农业公园	3000	1800	900	300
南伊沟藏医药特色健康旅游示范园	10000	6000	3000	1000
林芝“西藏(雪域)茶乡”茶博园	10000	6000	3000	1000
易贡藏密茶旅康养体验园	10000	6000	3000	1000
墨脱秘境茶文化风情观光园	10000	6000	3000	1000
工布江达高原现代畜牧业观光基地	10000	6000	3000	1000
喜马拉雅热带风情休闲农庄	8000	4800	2400	800
邦杰塘温泉度假观光牧场	5000	3000	1500	500
拉贡塘游牧生活体验牧场	5000	3000	1500	500
青藏高原梯田水稻观光园	3000	1800	900	300
休闲农业园区标准化提升工程	10000	6000	3000	1000
乡村旅游特色村标准化提升工程	10000	6000	3000	1000
乡村旅游特色小镇建设工程	52000	31200	15600	5200
休闲农业示范项目建设工程	10000	6000	3000	1000
休闲农业品牌开发建设工程	5000	3000	1500	500
休闲农业服务平台建设工程	5000	3000	1500	500
支撑体系	75500	37750	37750	0
农技推广实验示范基地	2000	1000	1000	0
生产经营型农民培育工程	5000	2500	2500	0
农业科技人才培养工程	8000	4000	4000	0
农业科技 110 服务平台	5000	2500	2500	0
农村电商服务平台	10500	5250	5250	0
农业信息化工程	8000	4000	4000	0
智慧农业物联网应用示范基地	8000	4000	4000	0
品牌营销推介平台	1000	500	500	0
品牌建设与产品推广平台	6000	3000	3000	0
市场流通体系建设	5000	2500	2500	0
农产品质量安全监管网络平台项目	1000	500	500	0
农产品质量安全检验检测体系建设项目	9000	4500	4500	0
农机化创新集成示范项目	1000	500	500	0
农机规模化作业推进项目	6000	3000	3000	0

第九章　保障措施及对策建议

(一)健全管理机构,加强组织领导

现代农业发展规划实施是一项系统工程,牵涉到全市各个方面、各个部门,必须建立强有力的组织管理和规范的运行机制,保障产业发展规划项目的顺利实施。要成立林芝市现代农业发展规划实施领导小组,由市主要领导任领导小组组长,分管领导任副组长,农牧、财政、水利、林业、扶贫、科技、旅游等部门主要负责同志为成员。领导小组全程负责重大规划项目的实施论证和目标考核。领导小组下设办公室,设在市农牧局,负责规划实施、督导考核等日常工作。将现代农业发展规划全面纳入林芝市国民经济和社会发展规划总盘子当中,纳入到林芝市贯彻落实乡村振兴战略的具体行动中,并作为其重要组成部分,保证现代农业建设规划的连续性和持久性。市辖各区(县)要根据发展规划的要求,结合各自的资源优势和自然条件建立好农业项目库,做好项目储备和脱贫攻坚工作;结合林芝旅游开发,做好农业发展项目包装,创新招商引资模式,充分利用国家、自治区、对口支援地区提供的各类项目推介、展览会、商贸洽谈等活动平台,加强特色农产品推介和宣传工作,深入开展项目对接,努力促成项目落地实施。

(二)完善配套政策,优化发展环境

要用足、用好中央关于支持统筹整合涉农、扶贫等各类资金的政策,按照“用途不变、渠道不乱、规模不减、各记其功、形成合力”的原则,整合财政、水利、农业、林业、工信、商务、科技、扶贫等中央各部门下拨的涉农资金,统筹各方资源和力量,支持林芝市在确保打赢脱贫攻坚战的基础上,稳步发展现代农业,集中力量办大事,提高财政资金使用效率。争取中央各项财政、税收、金融政策对林芝市农业的专门扶持力度,对林芝市采取特殊优惠税收政策,有针对性地降低税率、减免税收,吸引外来投资。尽快制定和完善与规划相关的各项配套政策,做到有据可依。力争在农村集体建设用地审批管理、农业土地流转、农业新型经营主体培育、农产品质量安全监管、农业品牌建设与推广等方面出台专门扶持政策,为林芝市农业发展提供政策保障。

(三)推动机制创新,增强发展活力

要加快农业发展方式转变,加大体制机制创新力度,着力构建现代农业产业体系、生

产体系、经营体系，加快推进林芝市农业现代化。采取奖励补助等多种办法，大力扶持具有市场发展前景的龙头企业、种养大户、家庭农场、农民专业合作社等各类新型农业经营主体，充分发挥市场在资源配置中的决定性作用。深化落实承包地“三权”分置制度，积极探索以土地流转、股份合作、租赁托管等多种形式，推进适合林芝地理条件特点的多种形式的农业适度规模经营。加大对规模经营的政策支持，财政支农项目对种养大户和专业合作社予以倾斜。健全农业社会化服务体系，实现小农户和现代农业发展有机衔接。重点加强乡(镇)一级的基层农业公共服务机构建设，强化农业技术推广、动植物疫病防控、农产品质量监管等职能。试点发展农资连锁、农机作业、农产品营销、病虫害统防统治、良种供应、农产品初加工、农业保险等农业服务业，增强林芝农业质量效益和竞争力。

(四)多方筹措资金，保障项目实施

要紧紧抓住国家实施乡村振兴战略、区域协调发展战略的契机，充分利用好国家产业发展政策、援藏政策，积极组织项目申报，争取中央部门项目支持，特别是要积极做好国家发改委、财政部、科技部、农业部、商务部、扶贫办等有关部委农业扶持项目、各对口援建省市的援建项目的申报组织工作，争取更多的资金投入林芝市农业发展。积极争取把各省市对口援建项目与林芝市“十三五”农业发展重点建设项目对接起来，与林芝市农业龙头企业发展对接起来，建立起大型国企、援建项目、上市公司与基地、企业、合作社、农牧户联动发展的利益联动机制，形成共同发展、稳定发展、长期发展的良性合作共赢格局。除中央部门和对口援建省市加大支持力度，林芝市地方财政每年对农业总投入的增长幅度应高于其财政经常性收入的增长幅度。在加大财政资金扶持的同时，积极设计开发林芝现代农业发展 PPP① 项目，通过特殊的税收政策和援藏政策，广泛吸引社会投资，形成国家投入、地方配套、社会参与等多元化的投融资机制。充分利用各类财政贴息贷款政策，鼓励企业申请银行信贷资金，拓宽林芝市农业项目融资渠道。

(五)抓好队伍建设，提高人才保障

采取多种形式，发展多层次教育体系和在职人员培训体系，重点加快林芝市农业科技人才、新型职业农牧民的培养。与西藏农牧学院、西藏自治区农牧科学院、西藏自治区林木科学研究院等科研院所合作，建立林芝农业专业技能培训学校、田间学校，选派农业科技推广人员、种养大户、企业技术骨干，定期分批开展在职培训学习，围绕作物高产栽培、畜禽疫病防治、农产品精深加工、农牧产品质量安全、互联网＋农业、农业品牌推广等开展

① PPP 也称 PPP 模式或 PPP 融资，全称为公司合营模式(Public Private Partnership)。P 泛指公共部门与私人部门为提供公共产品或服务而建立的各种合作关系，广义的 PPP 可以理解为一系列项目融资模式的总称。

专题培训。同时,每年选送一批业务能力强的优秀人才到其他省份参观学习,既能开阔视野,提高业务能力,又能拓宽思路,与外界加强交流和联系。按照党的十九大要求,努力培养造就一支懂农业、爱农村、爱农民的"三农"工作队伍,让现代农业在林芝成为有奔头的产业。

(六)加强宣传推广,打造知名品牌

紧密结合林芝旅游开发,实施"旅游+农业""互联网+农业"战略,加大品牌宣传力度,通过互联网、电视、户外广告以及微博、微信公众号等多渠道、多载体,讲好"林芝故事",宣传"林芝味道",全方位推介林芝市特色农产品。要在现有基础上,加速打造具有林芝特色的农产品主导品牌,努力研发和培育一批国内外知名品牌。做好特色农产品的市场定位,对现有的一些小品牌进行整合。重点加大藏香猪、松茸、核桃等特色农产品品牌的宣传力度,借助广交会、海博会、农博会等展会平台,举办林芝市特色农产品展销会、促销节,积极组织企业参展。支持林芝农产品争创国家驰名商标、著名商标,努力树立以"中国林芝—西藏江南""人间净地·醉美林芝"等生态宜居为主题背景的绿色优质健康的农产品品牌形象,满足人民群众日益增长的优质生态产品的需求,走出一条具有浓郁林芝风情、西藏特色的农业品牌发展之路,不断提升林芝现代农业发展质量和效益。

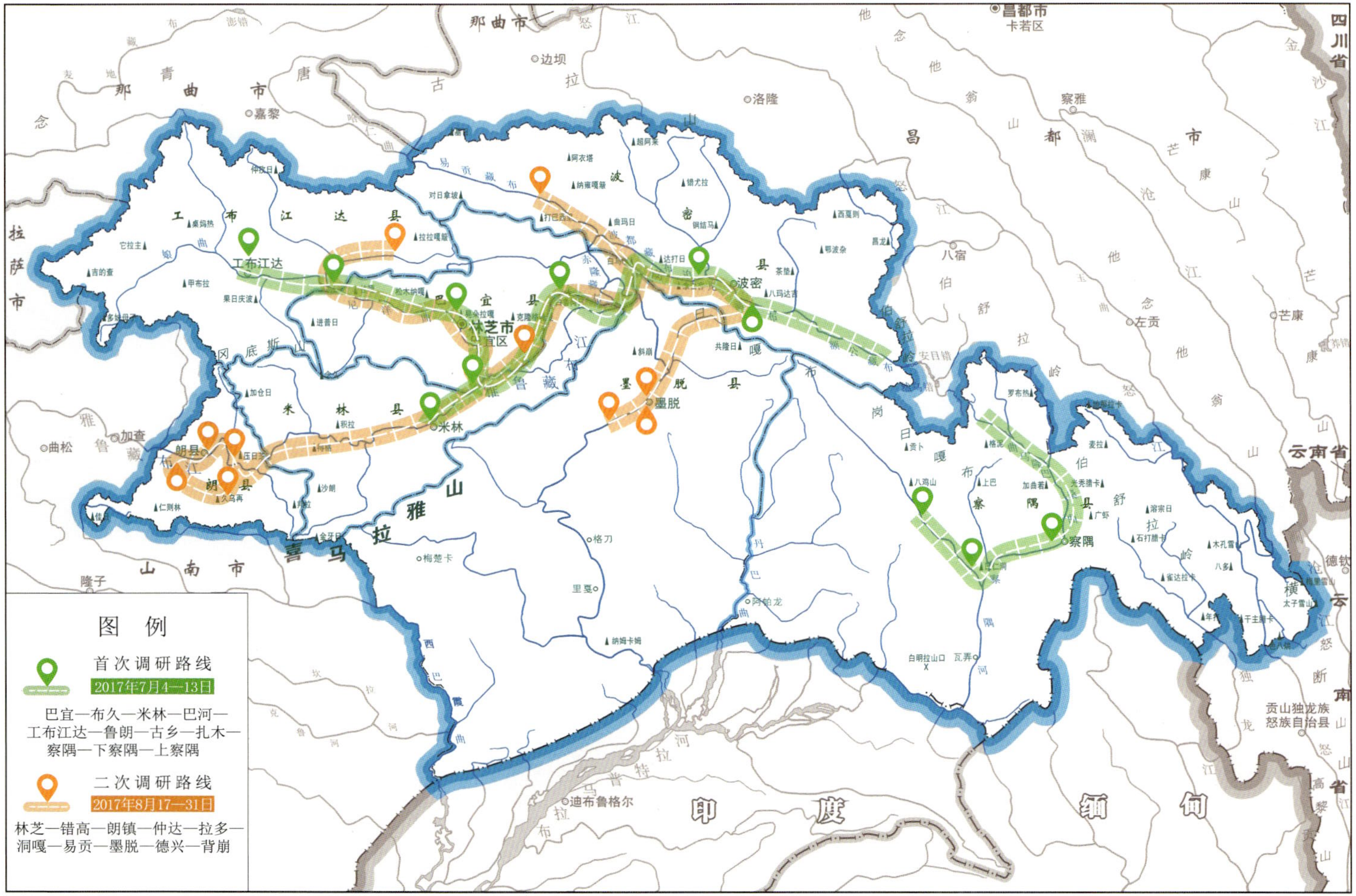
图 例
首次调研路线
2017年7月4—13日
巴宜—布久—米林—巴河—工布江达—鲁朗—古乡—扎木—察隅—下察隅—上察隅
二次调研路线
2017年8月17—31日
林芝—错高—朗镇—仲达—拉多—洞嘎—易贡—墨脱—德兴—背崩
林芝市
巴宜区
工布江达县
工布江达
米林县
米林
朗县
波密县
波密
墨脱县
墨脱
察隅县
察隅
昌都市
卡若区
那曲市
拉萨市
山南市
四川省
云南省
贡山独龙族怒族自治县
喜马拉雅山
印度
缅甸
洛隆
边坝
嘉黎
八宿
左贡
芒康
察雅
曲松
加查
隆子
迪布鲁格尔

彩图　调研路线

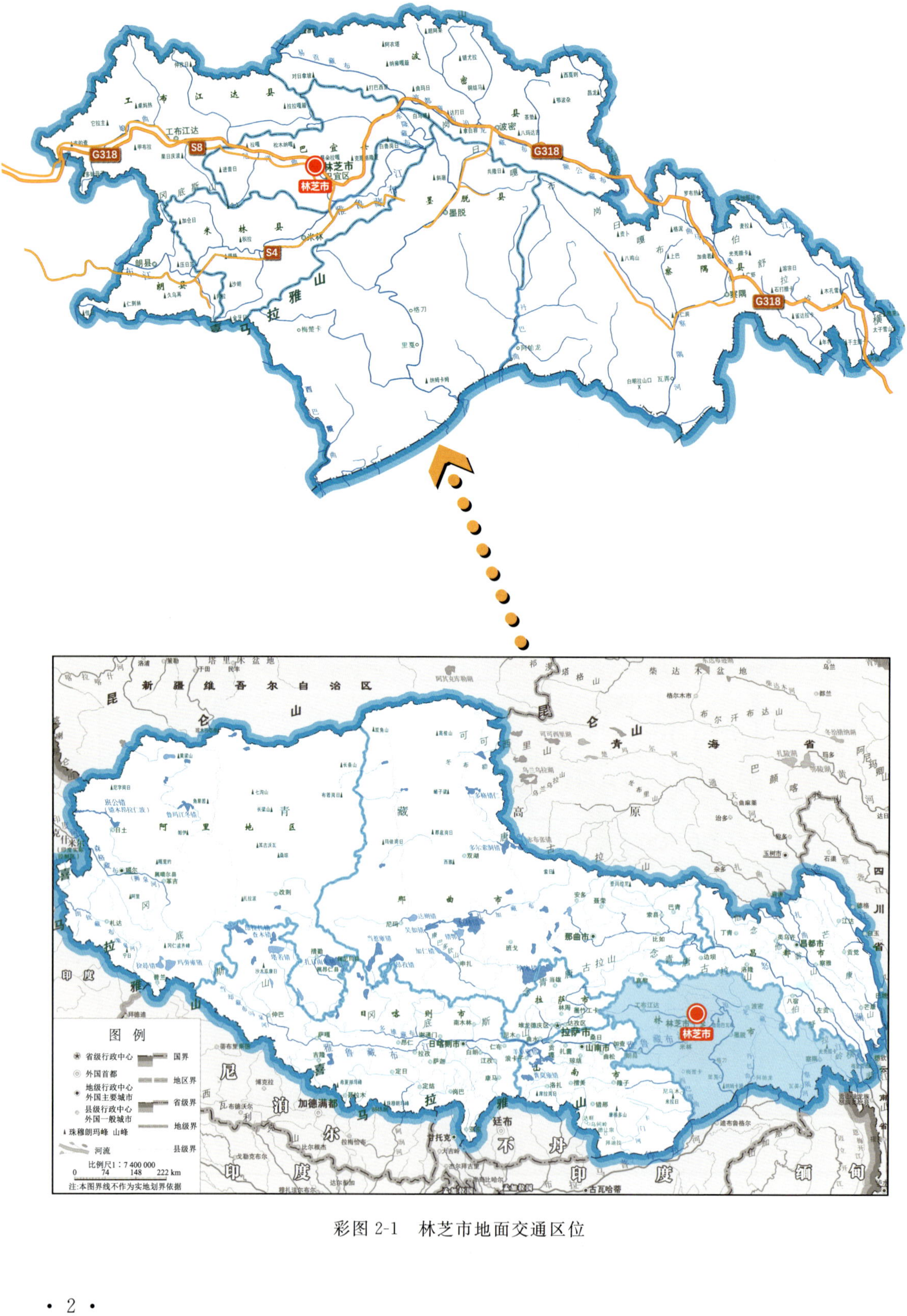

彩图 2-1 林芝市地面交通区位

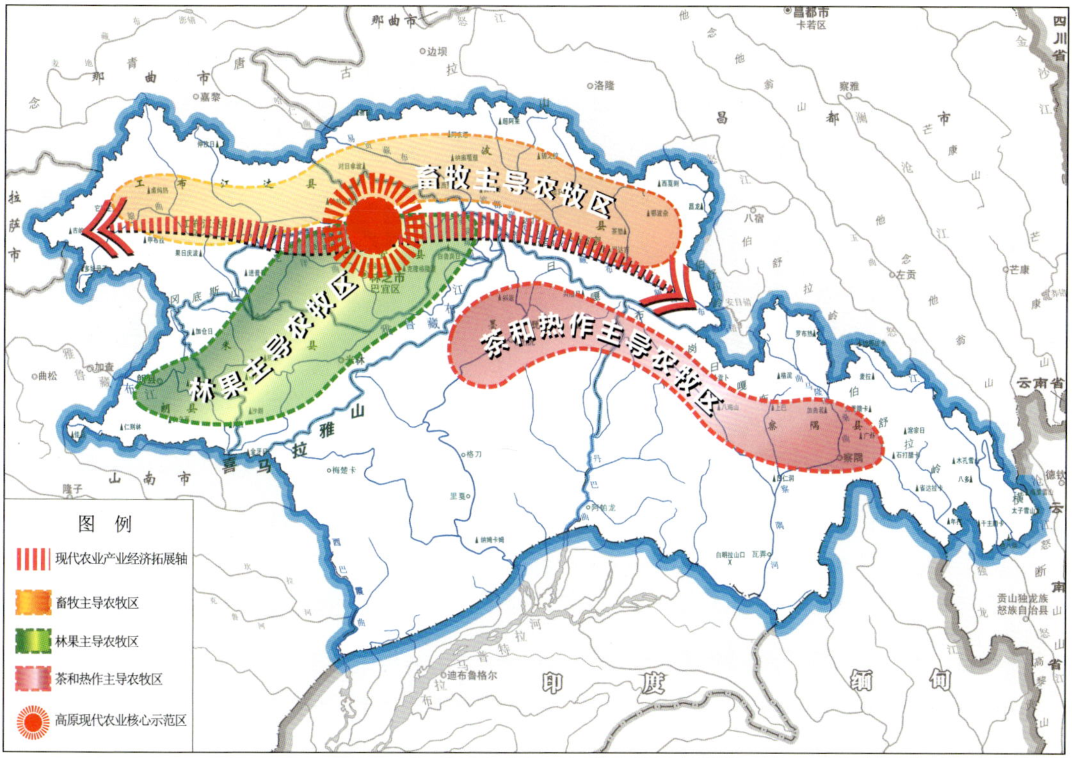

彩图 4-1 总体空间布局“一轴三区一核”

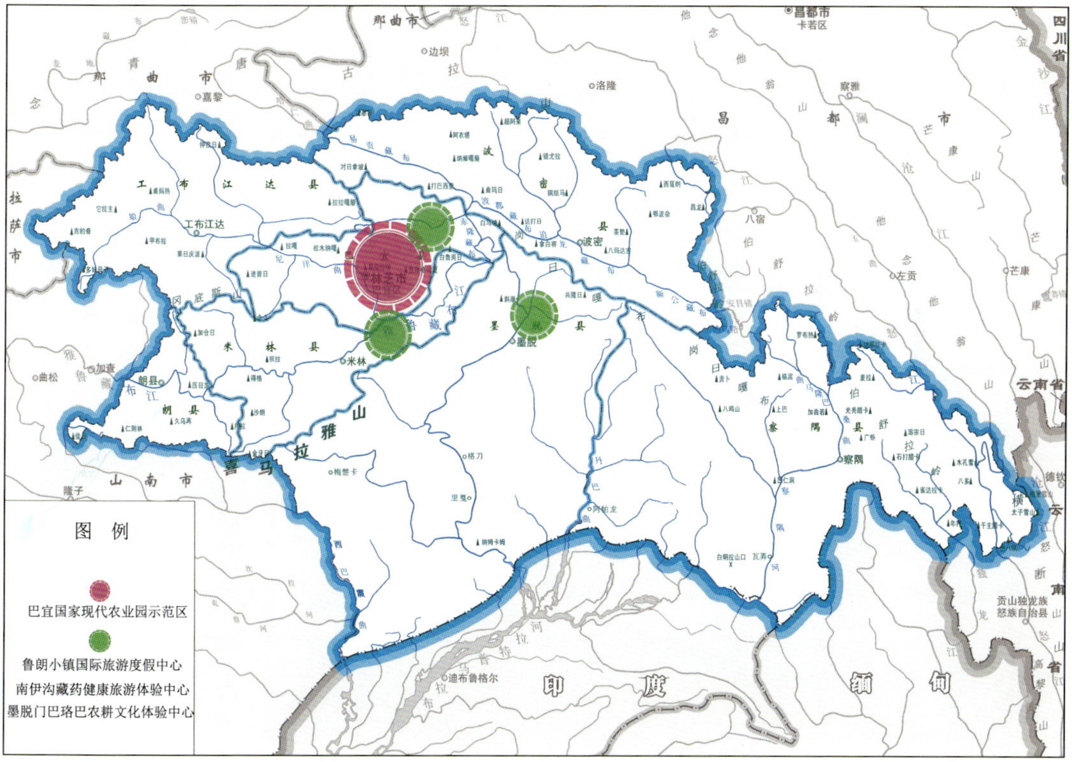

彩图 4-2 总体空间布局“一园三心多基地”

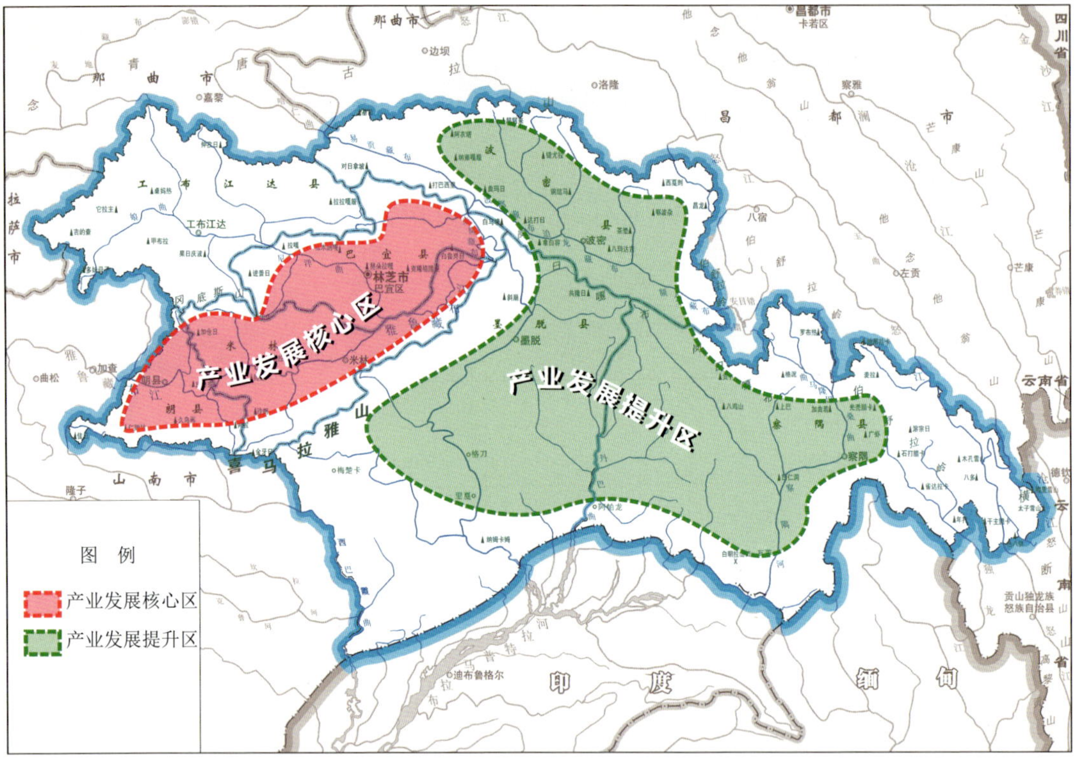

彩图 5-1　林果产业布局

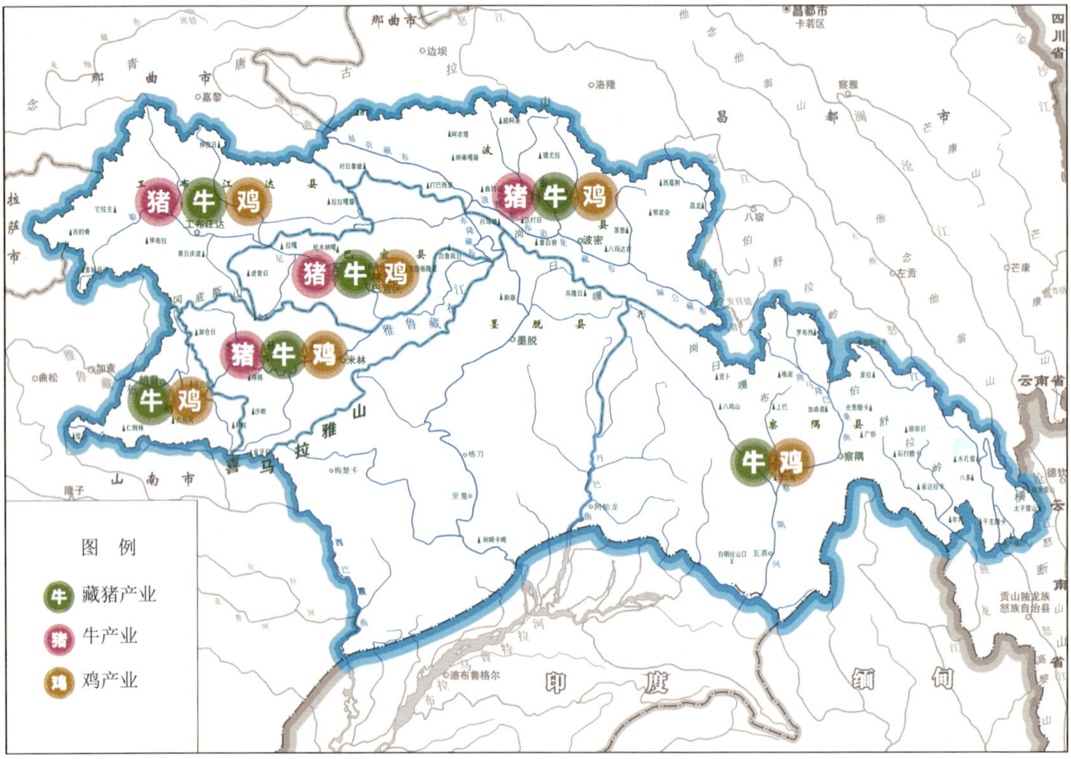

彩图 5-2　畜牧产业总体布局

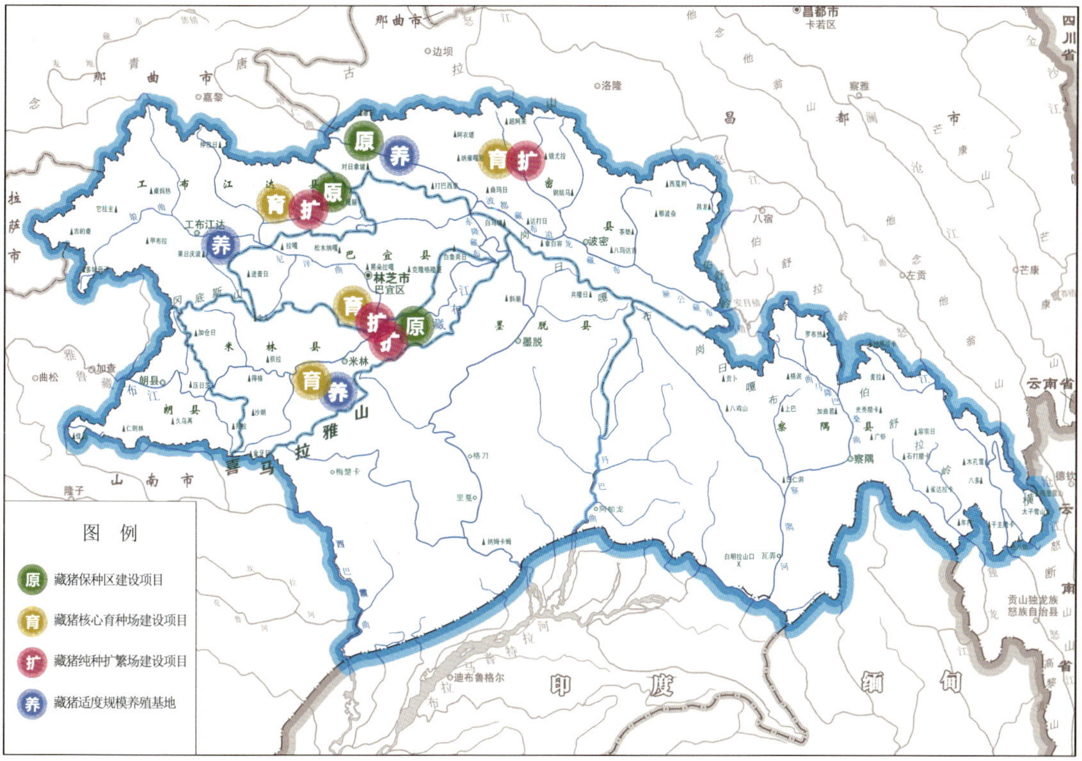

彩图 5-3　藏猪产业布局

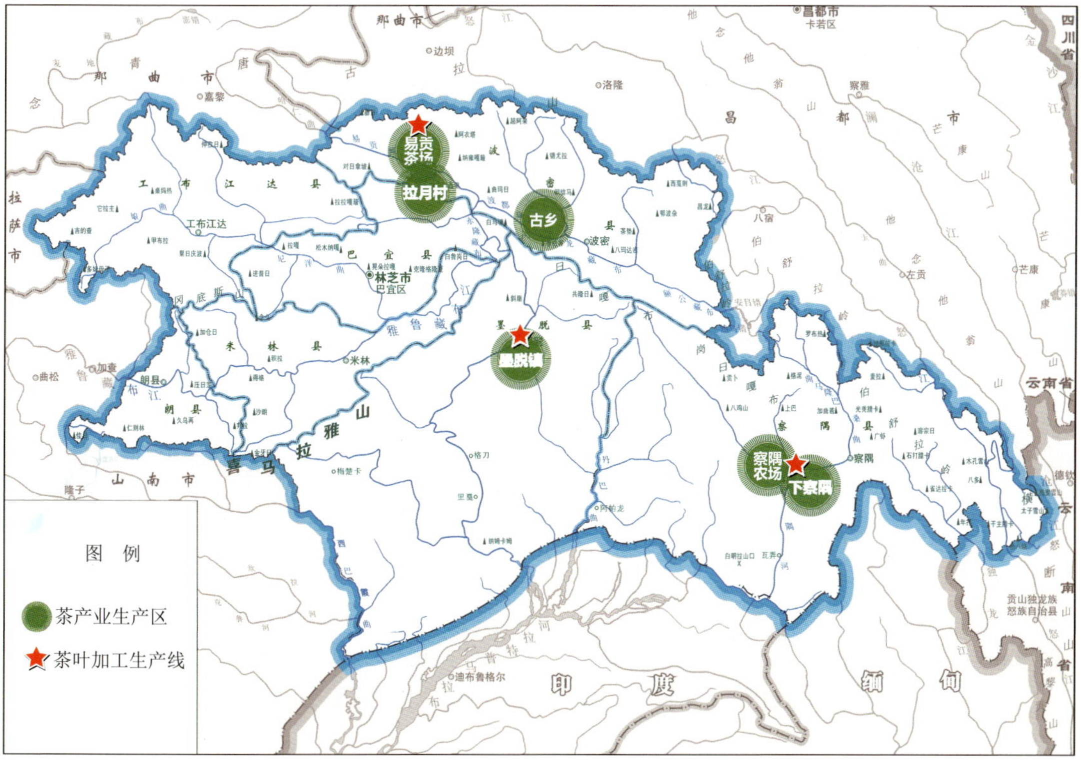

彩图 5-4　林芝高原特色茶产业布局

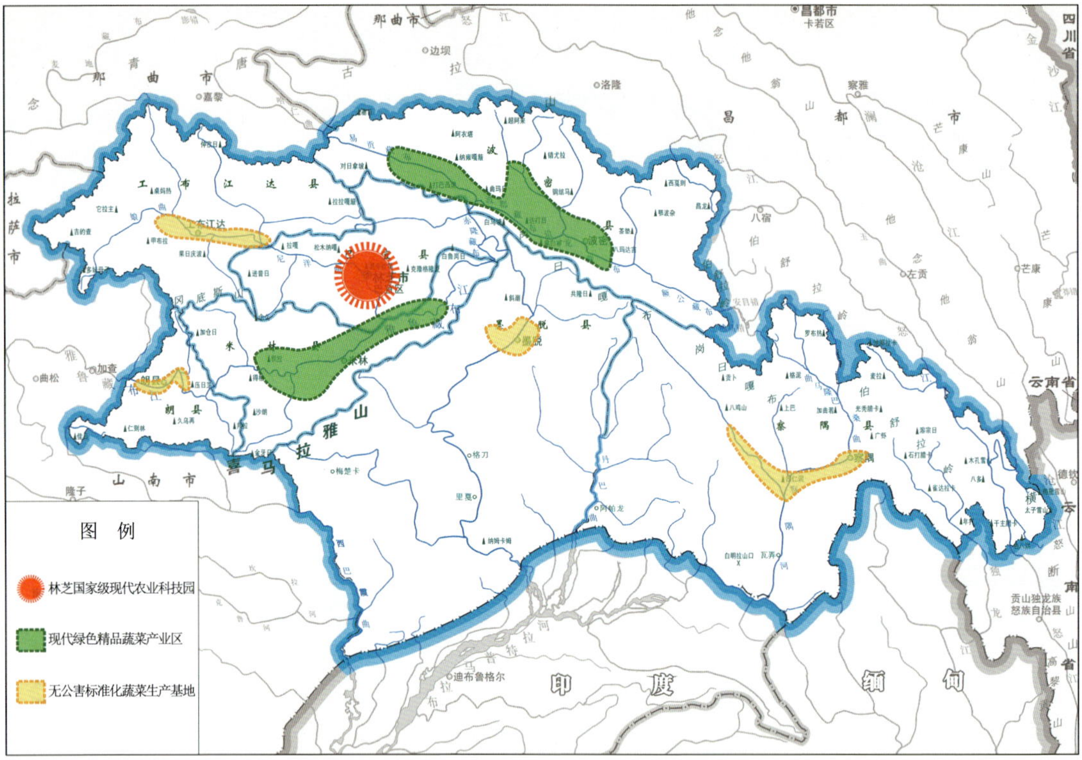

彩图 5-5 林芝精品蔬菜产业布局

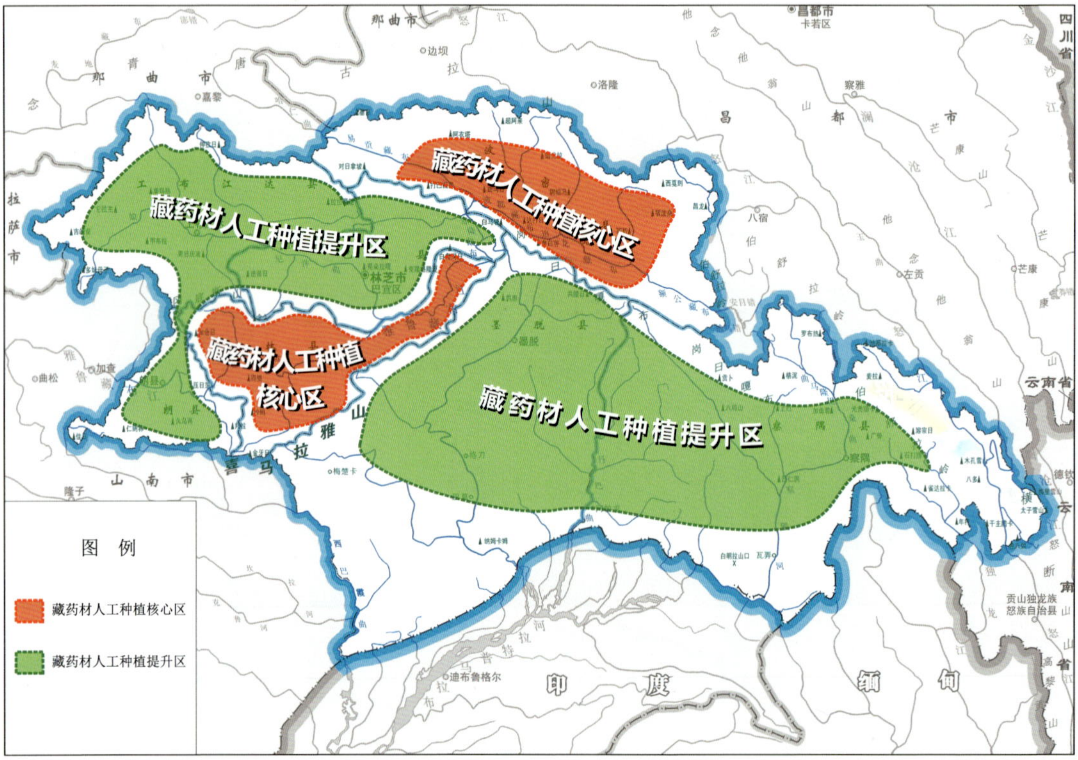

彩图 5-6 藏药材产业布局

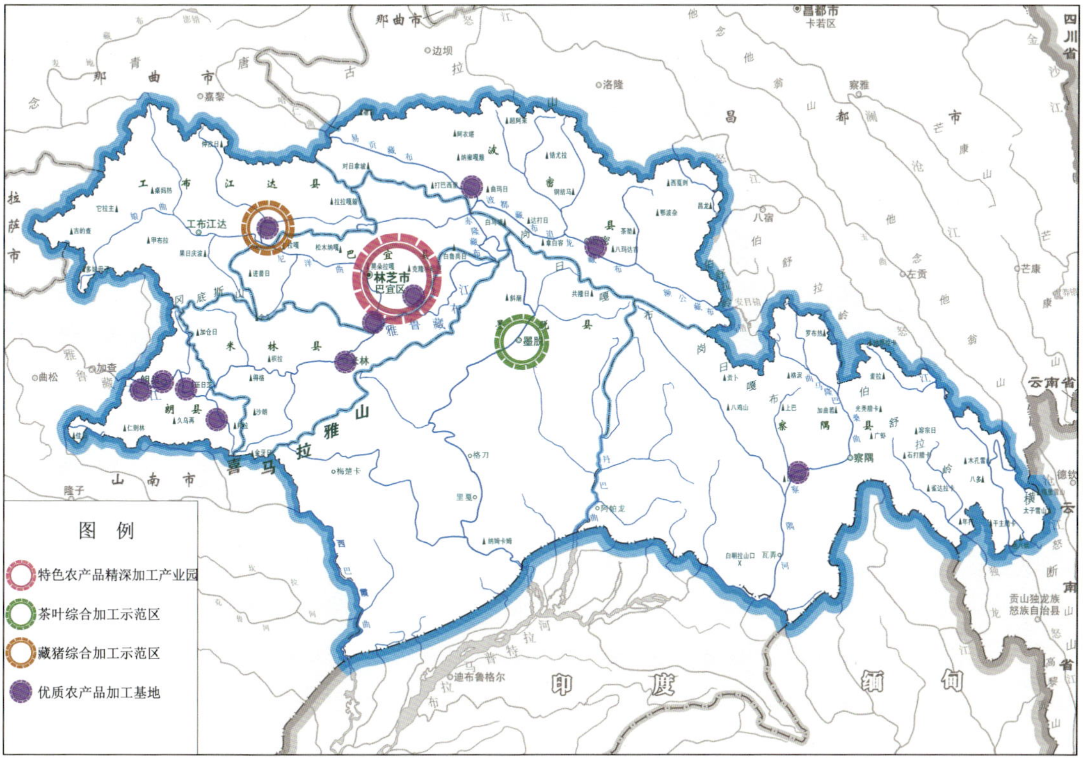

彩图 5-7　农产品加工业布局

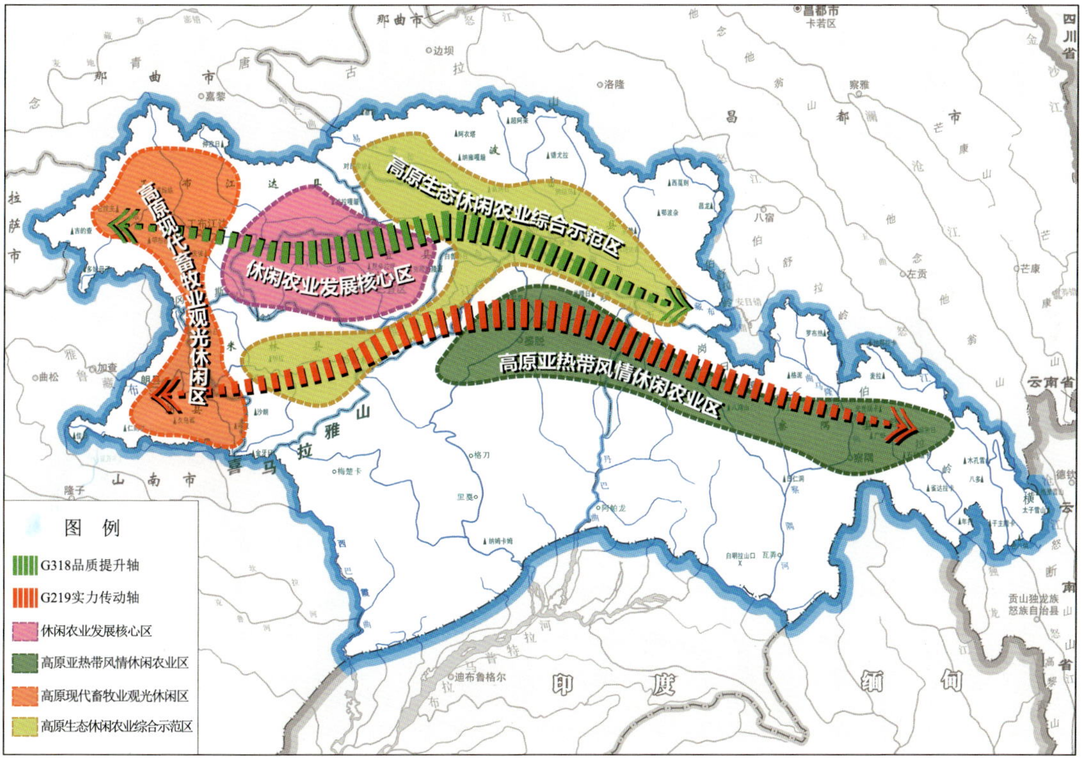

彩图 6-1　休闲农业“一心两轴三片区”总体布局

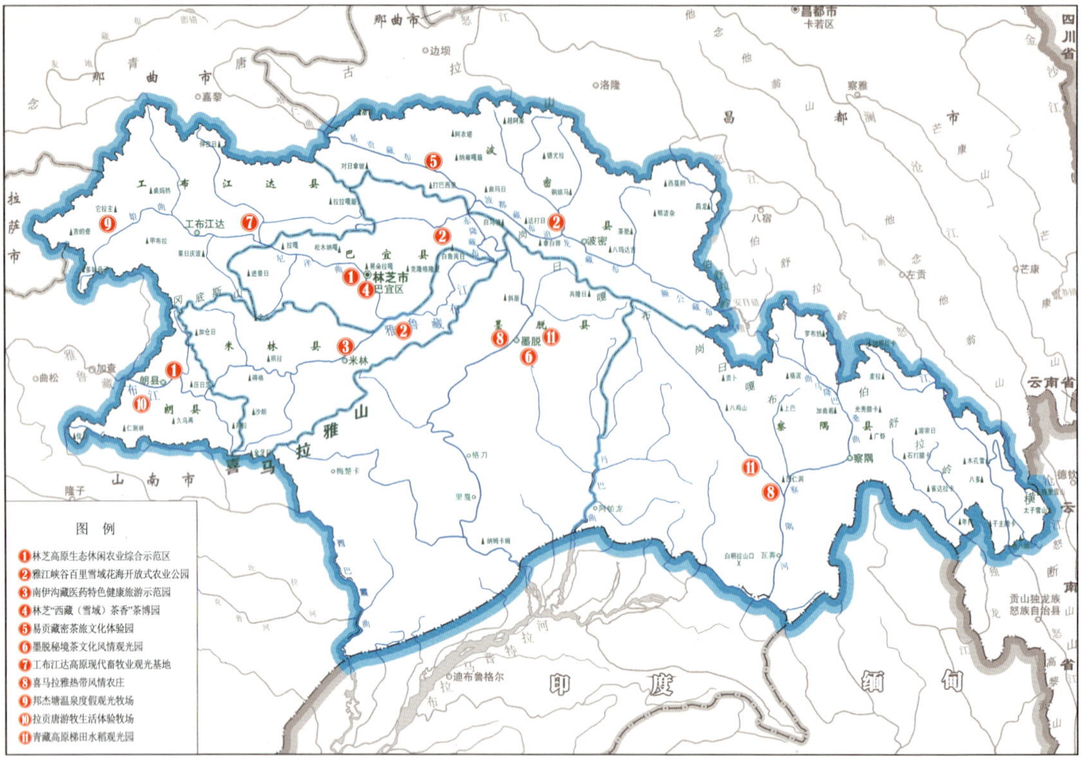

彩图 6-2 休闲农业"重点项目"空间布局

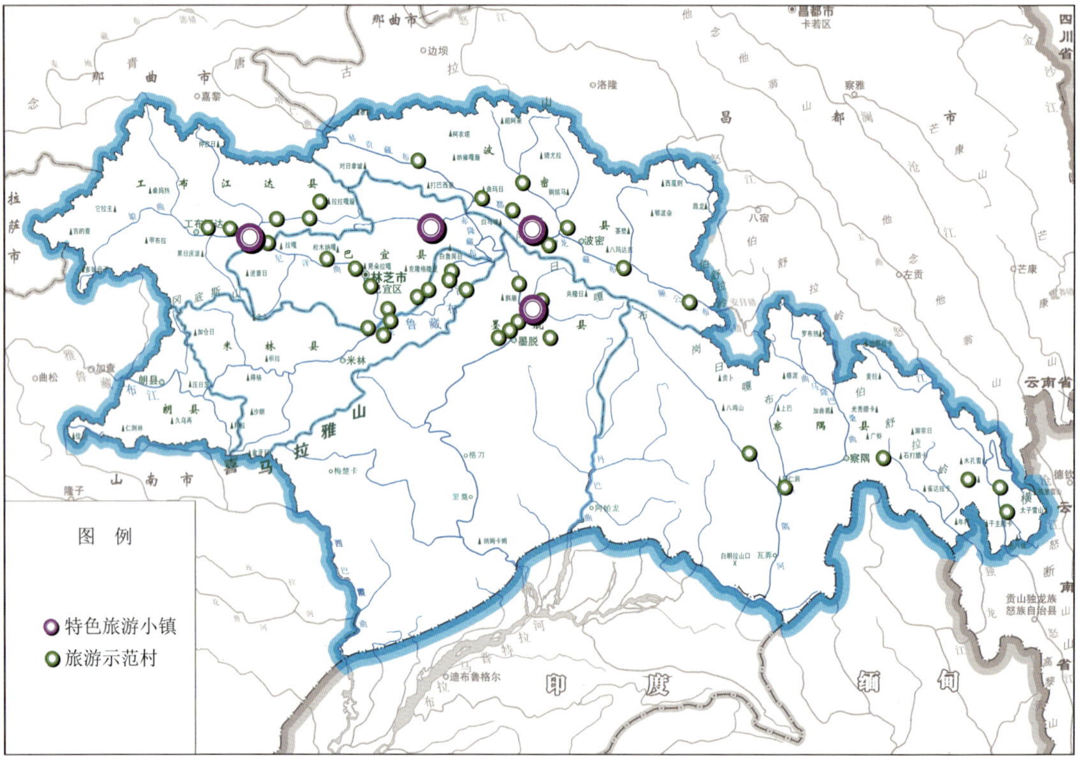

彩图 6-3 特色小镇旅游示范村空间布局